李修 尊師 '五字術, 李豹神技' 入門書

看破命運

'達磨一掌金' 核心 秘訣 了解

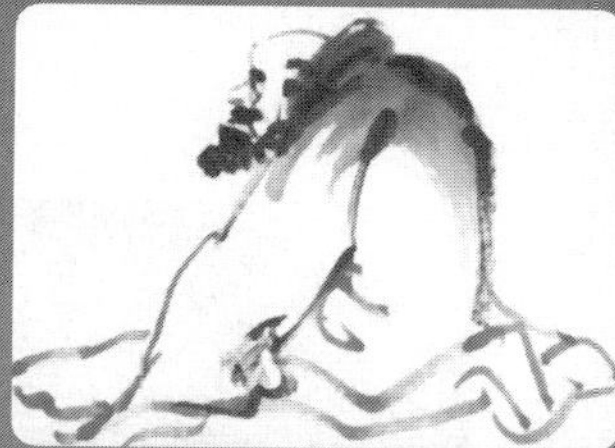

Discover your destiny

compiled by Im, Taehee · Kim, Youngpyo

LEESOO BAZI ART CLUB, KOREA 2009

장서원
도서출판

My hands have treasured weapon yet. It's hope.

Napoleon bonaparte

看破命運

達磨一掌金 核心 秘訣 了解

임태희 · 김영표 편저

My hands have treasured weapon yet. It's hope.

Napoleon Bonaparte

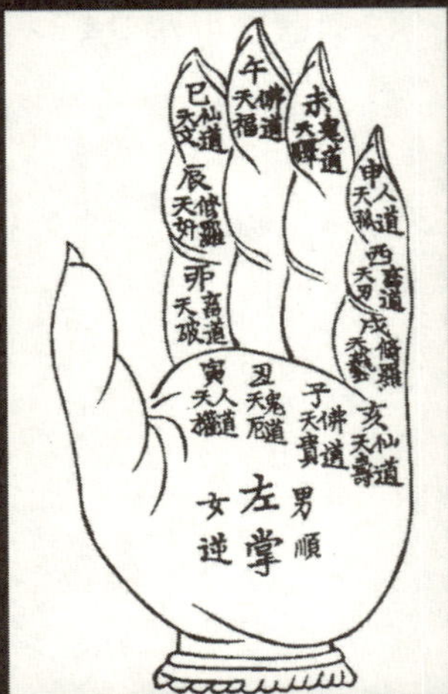

宮合[1]宮刑[2]宮沖[3]宮着[4]

李豹神技 序文

- 명리학사命理學史 캡슐 -

四柱學은 보통 干支 八字의 算命術로 정의된다. 오늘날 사주는 사람이 태어난 年月日時로 통하지만, 漢代에 이르러서야 干支紀年法이 시행되었으므로 지금과 같은 太歲, 年柱는 그즈음부터 쓰였다고 볼 수 있다. 까닭에 사주학의 시조로 여겨지는 鬼谷子가 활동했던 戰國時代 楚에는 지금과 같은 八字術과는 다른 형태로 존재했을 것이다. 子平 이래의 新法에서는 四柱가 응당 干支로 배합된 年月日時의 네 기둥을 말하지만, 古法에서는 胎月日時를 뜻했다. 李虛中命書에 四柱者胎月日時라 했다.

唐代 算命의 하이테크는 '年干을 祿, 年支를 命, 年柱의 納音을 身'으로 구분한 三命術이었다. 당시의 祿命法에서는 年命을 기준으로 그 아래 胎元을 배당한 다음 月柱와 日

柱, 時柱의 순으로 놓았다. 그리고 年柱의 納音五行을 胎月日時에 각각 대비하여 각 자리의 旺衰强弱을 정하는 식이었다. 이를 徐子平이 日干 위주의 八字術로 틀을 갖추며 胎元의 자리를 年柱로 교체한 셈이다. 이것은 가히 八字學의 改變이라 할 수 있다. 이때부터 納音은 효용이 위축됐다.

子平을 정의하자면 방대한 三命의 取捨選擇과 創案이 어우러진 정제된 學術이라 할 수 있다. 다시 말해 三命이 十字術로 화려하게 채색된 절정 이후, 八字術로 간추려진 게 子平이라 할 수 있다. 시간이 흐르면 학문을 자연 진화하기 마련이다. 子平도 예외가 아니어서 理氣와 體用의 끊임없는 분화 과정을 거치며 明代와 淸代에 걸쳐 눈부신 발전을 이뤘다. 近代에 이르러 한층 비대해져 難澁해진 子平은 東海 선생에 의해 根源이 가려지는 갈피가 잡혔다. 다만 한 사람의 업적이 穩全하기는 어려운 법이므로 오늘날은 命理의 正統 자락과 邪術이 뒤엉켜 제 모습을 찾지 못한 실정에 이르렀다. 그저 古書 한권의 이론에만 숙달되었거나, 五行 生剋의 理法에 국한되는 短見만 피력하는 수준으로도 자신을 命理의 嫡統으로 여기는 流波나 部類들이 적지 않다. 이외 마땅히 쓸어내야 할 淸掃의 대상들은 더 이상 언급하지 않겠다.

내가 斯學界에 데뷔했던 뉴 밀레니엄의 초입에 樂吾 先

師의 '子平眞詮評註'와 '滴天髓補註'의 이론체계를 하나로 갈무리한 '적천수써머리'를 선보였다. 이게 곧 武陵에서 출간된 '滴天髓摘要'로 한결 濃縮된 現代四柱學의 모습이라 할 수 있다. 이후 甲申年에 '八字術必殺技'와 '八字術를파이널블로'를 선보이며 우리나라의 독창적 八字術實技인 刑沖會合의 尖端技를 공개하고 널리 알렸다. 동시에 子平의 3대 텍스트를 모두 일시에 주해하며 내실을 한층 더 다졌다.

近來 戊子年에 이르러 始作과 溫故로 돌아가 命理의 理氣를 보다 거시적으로 포괄해서 정리했다. 神煞과 虛字論, 그리고 刑沖會合實戰技의 업그레이드와 合生合作合去合絆의 物象 法手에 이르기까지 知新의 지경까지 단박에 질주해 보았다. 지금은 命理의 改變이 필요한 시점에 도달했다. 宋代에 子平이 야심차게 개조했던 命術은 이제 韓國에서 終局을 고하고, 變革되야 한다고 생각한다. 어느 옛날 祿命이 子平의 새 옷으로 갈아입던 그 순간처럼 우리는 보다 세련되고 간편한 패션을 세상에 내보인다. 세간에 李修學派는 絢爛하고 多彩로운 학술을 보유한 것으로 알려졌다. 이게 실은 진테제Synthese의 단계로 먼저 돌입함을 예고한 것이다. 몹시 縮約된.

우리는 모두 變化하지 않으면 生存이 어려운 시절에 놓였다. 일례로 歌謠製作者들은 요즘 音盤이 안 되고, 음원도다 떼어가는 실정에서 한 목소리로 不況을 泣訴한다. CD 플레이어를 대체하는 MP3가 등장한 시점이 벌써 꽤 지나갔다. 따져 보면 음반시장만 줄어들었을 뿐, 실제 음악시장은 더 커졌다. 과거에는 한정된 공간에서만 음악을 들을 수 있었지만, 지금은 길을 걸으며 음악을 감상할 수 있는 세상이 됐다. 하드웨어가 계속 바뀌면서 음악시장은 더욱 커간다. 그러니 발상을 전환해야만 不幸을 면한다. 講壇, 江湖의 學徒들, 運命學術이 예외일 수 없다. 고타분한 漢字 주해에서 벗어나 확실하게 오리지낼러티가 강화된 비장의 무기를 손에 쥐어야 할 때다. '한결 쉽고 빠르게, 더욱 적중하는' 단순 명료한 이론과 실기를 갖출 때다.

독자들.

西紀 2009년의 新年 劈頭에 八字術은 五字術로 改變한다. 그 서막을 李豹神技로 연다. 훗날 이 理論의 淨化와 進化, 多變化는 讀者들과 後學들의 몫으로 남긴다. 필자는 향후 당분간 대중 일반을 향하고자 한다.

戊子年 끝자락, 李修 적다.

看破命運 目次

Ⅰ· Intro

▪ 십이부호(十二符號;12 Signs)

지금부터 시작이다. '이표신기'는 태세의 간지, 두 글자와 월일시의 지지 세 글자를 합하여 다섯 글자로 사주 명국을 세운다. '간파명운'에서는 연월일시 네 글자의 지지로 사주를 세우는 방식에 한정해서 설명한다. 초기 모델이 '달마일장금(당사주)'으로부터 비롯되었기 때문이다. '일장금'은 '십이지, 십이성, 십이살'로 체용의 근간을 모두 세운다. 이상의 십이부호는 외워 익숙하게 통달해야 한다.

※ 십이부호(十二符號)

십이지(十二支) > 자(子), 축(丑), 인(寅), 묘(卯), 진(辰), 사(巳), 오(午), 미(未), 신(申), 유(酉), 술(戌), 해(亥)

십이성(十二星) > 귀(貴), 액(厄), 권(權), 파(破), 간(奸), 문(文), 복(福), 역(驛), 고(孤), 인(刃), 예(藝), 수(壽)

십이살(十二煞) > 겁(劫), 재(災), 천(天), 지(地), 연(年), 월(月), 망(亡), 장(將), 반(攀), 역(驛), 육(六), 화(華)

십이지는 '자축인묘진사오미신유술해'다. 지지의 열 두 글자는 '해묘미, 인오술, 사유축, 신자진'과 같은 식으로 각각 세 글자씩 묶어 외워 둔다. 이렇게 세 글자가 합해야만 각 글자가 내포하는 의미가 실제로 나타나 유용해진다. 역으로 하나의 글자로 고립되면 무위가 된다. 이때는 혼자서 깃발 들고 독려하는 독불장군 역할에 지나지 않으므로 라이벌은커녕 팀도 없는 셈이 된다.

자평명리에서는 일간이 주체로 명주가 되지만, 일장금에서는 연지를 기본적인 체로 삼는다. 다시 말해 한 사람이 태어난 해, '띠'가 곧 명주인데, 이보다는 명국이라는 표현을 주로 한다. 앞에서 언급한 세 글자의 묶음은 곧 삼합오행국이라 해서 다 같이 하나의 명국으로 보기 때문이다.

※ 삼합 오행국(三合 五行局)

목국(木局)> 해묘미(亥卯未) 삼합(三合) > 목명(木命)

화국(火局)> 인오술(寅午戌) 삼합(三合) > 화명(火命)

금국(金局)> 사유축(巳酉丑) 삼합(三合) > 금명(金命)

수국(水局)> 신자진(申子辰) 삼합(三合) > 수명(水命)

간파명운에서 어떤 사람을 규정할 때는 갑이고 을이고 간에 그가 태어난 해의 띠를 기준으로 한다. 이를테면 2009년 정월 초하루 이후에 태어난 사람은 모두 소띠 생이다. 소띠는 축으로 축생이라 해도 무방하다. 또 축은 사유축 삼합 금국을 지으므로 금명이라 할 수 있다. 따라서 명국이란 보통 목명, 화명, 금명, 수명 중의 하나를 통칭하는 것인데, 이를 띠로만 구분해서 말해도 상관없다.

십이성은 '귀액권파간문복역고인예수'를 말한다. 십이지와 십이성은 각 글자를 순서대로 배정하여 일체로 작동한다. 따라서 다음과 같이 십이지와 연계해서 같은 순으로 묶어 일컫는다.

※ 십이지성(十二支星)

자귀성(子貴星), 축액성(丑厄星), 인권성(寅權星), 묘파성(卯破星), 진간성(辰奸星), 사문성(巳文星), 오복성(午福星), 미역성(未驛星), 신고성(申孤星), 유인성(酉刃星), 술예성(戌藝星), 해수성(亥壽星)

앞에서 '해묘미, 인오술, 사유축, 신자진'의 세 글자 묶음을 언급했다. 십이지의 각 글자는 하나씩 독립해서 존재하는 것으로는 특별한 효용이 없다. 예컨대 子나 午는 각기 귀성이나 복성으로 긍정적인 의미를 내포하지만, 이 글자들이 다른 글자와 합을 이루지 못하면 별달리 귀하거나 복스러운 현상이 두드러지지 않는다. 午는 寅이나 戌과 조합되어야 가치가 드러나고, 子 또한 申이나 辰을 보아야만 의미가 있다. 이러한 상황을 곧 합작으로 표현한다.

※ 십이성 합작(十二星 合作)

해묘미(亥卯未) 삼합(三合) > 수파역(壽破驛) 합작(合作) > 수파합작(壽破合作) · 파역합작(破驛合作) · 역수합작(驛壽合作)

인오술(寅午戌) 삼합(三合) > 권복예(權福藝) 합작(合作) > 권복합작(權福合作) · 복예합작(福藝合作) · 예권합작(藝權合作)

사유축(巳酉丑) 삼합(三合) > 문인액(文刃厄) 합작(合作) > 문인합작(文刃合作) · 인액합작(刃厄合作) · 액문합작(厄文合作)

신자진(申子辰) 삼합(三合) > 고귀간(孤貴奸) 합작(合作) > 고귀합작(孤貴合作) · 귀간합작(貴奸合作) · 간고합작(奸孤合作)

보통 팔자술은 여덟 글자의 간지술, 일장금의 사자술은 네 글자의 지지술로 정의된다. 이 지지술의 핵심은 한 마디로 합작에서 찾을 수 있다. 각 글자는 합작해야만 합동해서 현상으로 나타난다. 다시 말해 지지술은 삼합국이 골자란 얘기다. 이상은 간단한 말이지만 몹시 중요한 내용이다. 반복해서 설명한다. 삼합의 각 글자는 어느 것 하나 한 글자의 독립적 의미로 작동하지 않는다. 즉 합국으로 두 글자 이상이 합해야만 운기에 반영된다. 이를 앞으로는 '합작, 합동'이라고 표현한다. 예컨대 인은 권성으로 권력이나 관록을 나타내지만 인, 한 글자로는 별다른 실제적 의미가 나타나지 않는다. 여기에 오라는 글자가 와서 합국을 짓는 식이어야만 권성이나 복성, 두 글자의 별자리 의미가 드러나는 것으로 권세와 복록이 동시에 빛을 내는 것으로 유추할 수 있다. 다시 말해 인이 제아무리 권위를 상징하는 별이라 해도 오나 술이 합작되지 않으면 위권은 숨을 죽이고 있으므로 쓸모나 보람이 없는 것이다.

자, 이제 모두 자신의 왼손을 들어 손바닥을 펴보자. 왼손의 손바닥을 펼치면 십이지의 모든 글자를 담을 수 있다. 엄지로 각 손가락의 마디를 짚으면 십이지를 순서대로 헤아릴 수 있다(count the sexagenary cycle on one´s fingers).

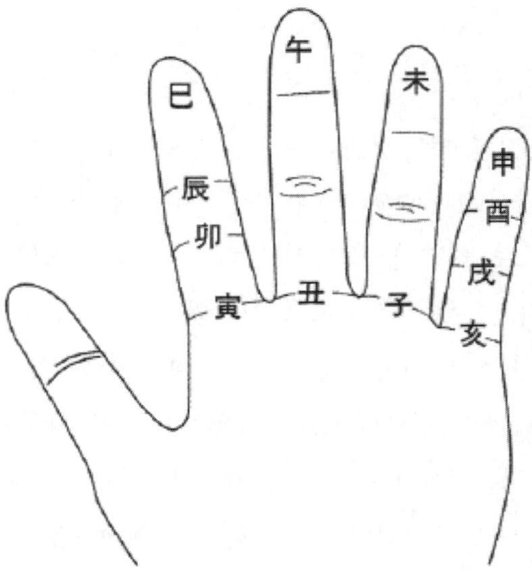

지금 당장은 이 그림이 단순한 열 두 글자의 배치에 지나지 않아 보이지만, 여기에는 엄청난 비법이 살아 숨쉬고 있다. 그래서 별칭이 '일장금'이다. 한 손바닥으로 보는 비결이란 뜻이다. 앞으로 점차 익숙해지면 굳이 손바닥을 보지 않아도 머릿속에서 십이부호를 짚어 해당되는 의미를 읽어 낼 수도 있다. 이때 손목을 비틀면 그대로 십이방위를 가늠할 수 있다.

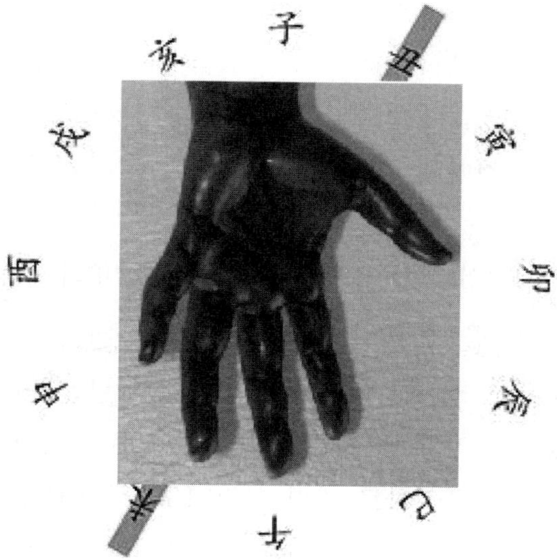

한명회와 유자광이 말한 "이 손안에 있다"는 곧 십이부호의 술수이자, 장자방과 제갈량의 신묘한 비책이었다. 독자들은 지금부터 바로 십이부호의 법수를 학습하게 된다.

먼저 일장금으로 사주를 세우는 법에 대해 설명하겠다. 이것은 이른바 세간에서 당사주를 세우는 것과 같다. 보통 민간에서 화도로 펼쳐 보는 당사주는 남자와 여자의 구분

없이 사주를 다 같이 순행으로 세우는 경우가 많은데, 일장금에서는 남자는 십이지를 순행하고, 여자는 역행하는 틀을 분명히 했다. 이렇게 사주를 세우면 연월일시의 네 글자로 세워지는 지지의 사자술이 된다. 자평 명리와 달리 사주를 세울 때 한 해의 기준은 입춘이 아닌 음력 1월 1일이 된다. 또 생시를 구분하는 것도 야자시를 쓰지 않고 하나의 자시만 적용한다. 다시 말해 자시가 하루 구분의 기준이 되는 것이다.

사주란 연월일시의 네 기둥을 말하는데 年의 기둥을 연주, 月의 기둥은 월주, 日의 기둥은 일주, 時의 기둥은 시주라고 한다. 사주를 세울 때 기준은 태어난 해의 지지인데, 즉 생년의 띠가 연주의 자리에 배당된다. 이때 생년월일시는 음력에 준하므로 가령 양력 1965년 8월 20일생의 남자라면 이를 음력 1965년 7월 24일생으로 환산해서 사주를 세우게 된다. 십이지에는 십이지수라고 해서 각각의 동물이 배당되어 있다.

▲ 십이지수(十二支獸: The 12 Earthly Animals)

子	丑	寅	卯	辰	巳	午	未	申	酉	戌	亥
鼠	牛	虎	兎	龍	蛇	馬	羊	猴	鷄	狗	豬
쥐	소	범	토끼	용	뱀	말	양	원숭이	닭	개	돼지

一掌金 四柱 布法

※ 일장금 사주 포법

이제 1965년 7월 24일 오전 11시 40분에 태어난 남자의 사주를 세워보겠다. 먼저 1965년의 간지를 살펴야 한다. 이 해는 을사년으로 뱀띠 생에 해당한다. 따라서 年의 자리는 巳가 된다. 이때 年의 자리 '巳'는 곧 자신을 의미하는 명주命主가 되므로 매우 중요한 글자라 할 수 있다.

年柱	月柱	日主	時柱
巳			

다음으로 월주는 생년의 자리 '巳'를 포함해서 해당 월의 숫자만큼 세어 나간다. 7월생이므로 '巳1, 午2, 未3, 申4, 酉5, 戌6, 亥7'의 순으로 정해지니 7에 해당하는 亥가 곧 월주다.

年柱	月柱	日主	時柱
巳	亥		

일주를 세우는 방법도 마찬가지다. 명주는 24일 생이므로 월주에 해당하는 '亥'에서 시작하여 24번째가 되는 글자가 곧 일주가 된다.

子▶	丑	寅	卯	辰	巳	午	未	申	酉	戌▲	亥▶
2 14	3 15	4 16	5 17	6 18	7 19	8 20	9 21	10 22	11 23	12 24	1 13

앞의 표를 보면 亥에서 24번째가 되는 자리의 글자는 곧 戌임을 알 수 있다. 따라서 일주는 戌이다.

年柱	月柱	日主	時柱
巳	亥	**戌**	

이와 같이 띠를 기준으로 십이지지 글자를 순서대로 세어 나가면 사주 네 기둥에서 연월일의 삼주 세 기둥을 어렵지 않게 세운다. 이제 남은 것은 時의 자리, 시주다. 먼저 태어난 시간을 지지의 시간대로 환산해야 한다. 위 오전 11시 40분생의 남자는 아래 시간 조견표에서 아래 7번째 午時에 속함을 알 수 있다. 다음의 조견표는 동경표준시를 감안하여 30분 단위로 구분했는데, 지역마다 조금씩 오차가 있지만 대략 30분 단위를 전후해서 조정하면 된다.

番號	時柱	生時
1	子時	23시 30분 - 01시 30분
2	丑時	01시 30분 - 03시 30분
3	寅時	03시 30분 - 05시 30분
4	卯時	05시 30분 - 07시 30분
5	辰時	07시 30분 - 09시 30분
6	巳時	09시 30분 - 11시 30분
7	午時	11시 30분 - 13시 30분
8	未時	13시 30분 - 15시 30분
9	申時	15시 30분 - 17시 30분
10	酉時	17시 30분 - 19시 30분
11	戌時	19시 30분 - 21시 30분
12	亥時	21시 30분 - 23시 30분

따라서 시주는 일주의 자리 '戌'에서 7번째가 되는 글자로 정해진다. '戌1, 亥2, 子3, 丑4, 寅5, 卯6, 辰7'과 같은 순으로 번호를 매겨 辰의 글자가 시주가 된다. 이상으로 1965년 7월 30일 오전 11시 40분에 태어난 사람의 사주는 다음과 같이 세워졌다.

年柱	月柱	日主	時柱
巳	亥	戌	**辰**

참고로 '일장금'으로 세워지는 사주에는 윤달의 개념을 고려할 필요가 없다. 사주 명식을 세우는 연습을 한 번 더 해보겠다. 이번에는 여자다. 가령 음력 1971년 7월 8일 밤 11시 50분에 태어난 여성이라면, 돼지띠 출생자로 연주는 '亥'가 된다. 다음으로 월주를 정할 때는 '亥'에서 7번째 글자가 이에 해당한다. 그런데 앞에서 여자는 남자와 달리 십이지의 순행이 아닌 역행으로 사주의 글자가 배당된다고 했다. 따라서 '亥'에서 거꾸로 '亥1, 戌2, 酉3, 申4, 未5, 午6, 巳7'의 역순으로 월주가 정해진다. 일도 마찬가지다. 월주 '巳'에서 역순으로 '巳1, 辰2, 卯3, 寅4, 丑5, 子6, 亥7, 戌8'의 8번째 글자는 '戌'로 이것이 곧 일주다. 생시는 子時에 속한다. 子時는 곧 1번에 속하므로 일주와 같

은 글자인 '戊'이 그대로 시주가 된다. 따라서 1971년 7월 8일 밤 11시 50분에 태어난 여성의 사주는 다음과 같이 세워졌다.

年柱	月柱	日主	時柱
亥	巳	戊	戊

이와 같이 사주의 뼈대가 세워지면 다음으로 각 글자에 해당하는 십이성을 붙여 사주의 꼴을 만들기 시작한다. 보통 남자의 사주는 건명이라 하고, 여자의 사주는 곤명으로 표현한다. 이에 따라 사례로 든 두 남녀의 명식에 십이성을 붙여 배당하면 다음과 같다.

乾命, 1965년생

年柱	月柱	日主	時柱
巳文星	亥壽星	戊藝星	辰奸星

坤命, 1971년생

年柱	月柱	日主	時柱
亥壽星	巳文星	戊藝星	戊藝星

십이지와 십이성이 결합된 사주가 세워지면 끝으로 사주 각 글자에 십이살을 배당한다. 십이살은 '겁재천지연월망장반역육화'로 "①劫煞, ②災煞, ③天煞, ④地煞, ⑤年煞, ⑥月煞, ⑦亡身煞, ⑧將星煞, ⑨攀鞍煞, ⑩驛馬煞, ⑪ 六害煞, ⑫華蓋煞의 열두 종을 말한다. 향후로는 '겁살, 재살, 천살, 지살, 연살, 월살, 망신, 장성, 반안, 육해, 화개'과 같이 각 신살神煞을 두 글자로 표기한다. 십이살은 십이성과는 달리 십이지 각 글자별로 고정되어 배정되는 게 아니라, 생년의 띠인 명주에 따라 각각의 자리가 달라진다.

▲ 十二煞 早見表

生年(띠)	子 貴	丑 厄	寅 權	卯 破	辰 奸	巳 文	午 福	未 驛	申 孤	酉 刃	戌 藝	亥 壽
亥卯未	年	月	亡	將	攀	驛	六	華	劫	災	天	地
寅午戌	災	天	地	年	月	亡	將	攀	驛	六	華	劫
巳酉丑	六	華	劫	災	天	地	年	月	亡	將	攀	驛
申子辰	將	攀	驛	六	華	劫	災	天	地	年	月	亡

앞의 조견표를 보면 亥卯未 生은 未 다음의 글자인 申부터, 寅午戌 生은 戌 다음의 글자인 亥부터, 巳酉丑 生은 丑 다음의 글자인 寅부터, 申子辰 生은 辰 다음의 글자인 巳부터 '①劫煞, ②災煞, ③天煞, ④地煞, ⑤年煞, ⑥月煞, ⑦亡身, ⑧將星, ⑨攀鞍, ⑩驛馬, ⑪六害, ⑫華蓋'의 순으로 십이살이 진행되어 나감을 알 수 있다.

이상으로 독자들은 앞에서 사례로 든 1965년생의 남자의 온전한 사주를 세울 수 있게 됐다. 이 사람은 巳年 생, 즉 뱀띠로 십이살은 다음과 같이 배정된다.

生年(띠)	子貴	丑厄	寅權	卯破	辰奸	巳文	午福	未驛	申孤	酉刃	戌藝	亥壽
巳酉丑	六	華	劫	災	天	地	年	月	亡	將	攀	驛

이로써 각 글자에 배당된 신살을 그대로 적용하기만 하면 아래와 같은 온전한 십이부호의 명식이 세워지는 것이다.

乾命, 乙巳生

巳文星 亥壽星 戌藝星 辰奸星

地煞　驛馬　攀鞍　天煞

이렇게 도출된 사주 네 글자의 주인공이 태어난 시각은 오시였다. 오시를 자에서 오까지 셈하여 세워진 생시가 진간성이지만 오시인 생시 자체도 또한 유효하다. 간파명운에서는 원래 생시의 글자도 그대로 적용하여 사주를 세운다. 따라서 위 을사 생의 사주는 다음과 같이 보정된다. 그러니까 엄밀히 따져 문파에서는 사자술이 아닌 오자술로 일장금을 운용한다. 다만 지지의 다섯 글자로 운용되는 오자술은 향후 학습할 '이표신기'의 오자술과는 의미가 다르다. 이표신기는 간지가 배합된 간지술이기 때문이다. 보통 지지의 다섯 글자로 사주를 세울 때는 태어난 해와 시를 일선에 배치하고, 일장금으로 도출된 월일시의 기둥은 이선에 배치한다.

乾命, 乙巳生

巳文星　　　　　　　　午福星
地煞　　　　　　　　　年煞

亥壽星 戌藝星 辰奸星
驛馬　攀鞍　天煞

일선에 배치되는 태세와 시진의 각 지지 글자는 상대의 생년월일시를 듣는 순간 즉시 세울 수 있다. 월일시의 나머지 세 기둥을 세우는 것도 간단하지만, 법수가 높은 술가들은 월일시를 세우는 짧은 순간에도 이미 습득한 생년과 생시의 정보를 바탕으로 사주 통변을 병행한다.

★ 간파일장금(看破一掌金)

일장금의 이론체계는 십이성의 각론이 중추다. 여기에 십이성의 본래적 의미는 생시에서 가장 잘 나타난다고 보았다. 그래서 십이성은 대략 생시를 중하게 여긴다. 그런데 일장금의 본문 내용을 살피면 그 자체로 특별한 게 없다. 그래서인지 당사주는 명리의 일정한 표준이나 한도 밖으로 밀려나는 처지로 전락했다. 문제는 항상 좀 안다고 행세하는 사람들에게서 파생될 때가 많다. 보통 한 줌 지식에 지나지 않는 알량한 밑천을 지닌 이들은 긍정보다 부정을 즐기기 마련이다. 여기에 언제나 부화뇌동하는 부류들이 달라붙기 마련이다. 술수의 효용 면에서 당사주는 자평명리보다 앞서는 점이 많다. 당사주를 십이부호의 일률단편적인 나열로만 인식하는 고착관념에서 벗어나지 못하면 종신토록 실체를 알지 못한다. 십이부호의 합작, 합동 체계를 이해하게 되면 일장금은 그야말로 대단한 위력의 술수로 변모한다. 그러니 독자들, 모르는 것을 안다고 착각하거나 자만치 말고 처음부터 하나씩 차근차근 벽돌을 쌓아올릴 마음의 자세를 갖추기 바란다. 먼저 학습의 초기 단계인 만큼 십이성 각각의 성정 개략을 익혀야 한다.

십이성의 성질을 학습하면 합작과 분리의 상호 작용력을 헤아릴 수 있어야 한다. '합작과 분리', 바로 여기에 간파명운의 핵심 키워드가 담겼다. 일장금의 분석 편에서 원시의 이면과 행간에 녹아든 의미를 간파하여 적시한 사교(師敎: 스승의 가르침)를 이해하면 합작과 분리의 속성을 절로 파악하게 된다. 이것이 곧 가장 쉽게 풀어 무섭게 적중시키는 당사주 비결의 요체라 할 수 있다. 먼저 달마일장금(간명일장금)의 원문을 인용해 둔다. 다음으로 일장금 십이성 총론의 분석이 이어진다. 또 분석에 앞서 간파일장금의 골자가 되는 사교를 이해하기 용이하도록 '이표신기'에서 합작충분 편의 설명을 발췌해 두었다.

※ 신각간명일장금(新刻看命一掌金) 원문(原文)

唐　釋氏　一行　著

明　胡氏　文會堂校

佛道天貴星

時辰落在天貴宮　一生淸貴事和同　志氣不凡人出類　安然自在性明通

此星主人淸高有德有行大事成小災禍無侵若更得天權祿驛星助者榮昌富貴若犯重者主悲泣翻悔中下小人半吉之命若逢孤厄破刃照命者必為朝堂折挫之人見貴而未為全吉也。

鬼道天厄星

時在厄中人混沌　惺惺作事又癡呆　此人帶疾方延壽　還須勞碌作生涯

此星在命主人帶疾若逢破刃相沖災疾必重若逢權貴星主人輕疾乃中上命也若逢孤驛奸星主作事遲疑一生啾唧定主蹭蹬離祖乃中下命也。

人道天權星

時辰落在天權宮　性格操持志氣雄　作事差遲人也喜　一呼百喏有威風

此星在命主人聰明俊秀灑落襟懷有權有勢多智多能若逢貴福

文壽星相助者人人拱聽重犯者權而無權乃中命也若逢厄破孤驛在命者作事勞力財帛不聚未能先能未會先會浮浪中命也。

畜道天破星

時辰落在天破宮　推金積玉也成空　夜眠算計圖家富　鈔袋誰知有蛀蟲

此星主財帛空虛祖業耗散若得權貴福星相助亦為中命如遇驛刃孤厄犯重者作事艱難重重破敗浮浪東西之下命也。

修羅道天奸星

大如滄海細如毛　佛口蟠心兩面刀　奸狡機謀藏毒性　意多翻覆最難調

此星照命主人一生勞碌啾唧奔波指東說西機變難測若得天貴福星相助財帛豐盈亦為上命若逢權刃星者必為奸權殘忍之小人言清行濁執性凶謀有害人之心無容人之量貪嗔太重非善人也若逢孤厄破驛定為慳貪嫉妒之小人乃下命也。

仙道天文星

命遇天文秀氣清　聰明智慧意惺惺　男才女秀身清吉　滿腹文章錦繡成

此星照命主人聰明憐俐學識過人作事和美若逢天貴天福天藝星相助定為鼇頭獨佔虎榜登名金階玉階之人也若遇天權天刃星者文武多才乃為上命如遇破厄孤驛及犯重者乃多學少成不為書算文墨之輩必為雲遊湖海之人乃手藝術士之下命也。

佛道天福星

命逢天福是生時　定然倉庫有餘盈　寬洪大量根基穩　財帛光華有福齊

此星坐命主人受福清閒性情自在度量寬洪根基穩實又得權刃相扶衣帛充足倉庫盈餘堆金積玉之命若犯重者衣祿不多若逢驛孤奸破星者必主慳貪嫉妒衣祿艱難之命也。

鬼道天驛星

人道若逢天驛星　搬移離祖不曾停　身心不得片時靜　走遍天涯足未寧

此星照命主人離鄉別井骨肉情疏勞碌身心自成自立之命若逢福權貴刃壽文星者必主官祿供給車馬相隨乃榮顯之命若逢孤破厄星猶如風吹樹葉水上浮萍心猿意馬賓士不定方外雲遊江湖跋涉之下命也若犯重而刃厄相刑者必為徒流之類。

人道天孤星

時辰若逢此天孤　六親兄弟有如無　定作空門清淨客　總有妻兒情分疏

此星照命主一生孤獨男人得之六親無分女人得之克子妨夫孤星犯重者反不為孤必為半僧半俗身在俗門心在空門之人若得權福貴壽星助乃上命也亦不免少年刑克若逢破驛奸厄刃星必為雲水漂流下命也凡選故家之命要看孤星為主。

畜道天刃星

天刃為人性太剛　是非終日要爭強　持刀弄斧刑心重　好似將軍入戰場

此星照命主一生剛狠性格躁具自做自是不受人觸受不得閒氣風火性過端然無事若得權貴福星為人不俗禮義足以化強暴乃上命也若逢孤破奸厄膽大心粗形體殘疾不免斷發身死乃下命也惡星少而吉星多者亦為中命犯重者必主殘疾。

修羅道天藝星

天藝生人性最靈　將南作北逞多能　所為方便機關巧　到處和同作事勤

此星照命主人多智多能機巧近貴若犯重者主資質昏鈍懶惰愚頑多學少成匠作用力之輩若得天權貴福文壽俱全剛柔相濟雖為藝術亦可成立若逢天孤可為僧道之出類者乃中命也若逢破厄則藝業無成終為下命。

仙道天壽星

天壽生人命最長　上恭下敬性溫良　一聞千悟心慈善　喜怒中間有主張

此星照命主人長壽康健智慧聰明作事溫良有救人之心無傷人之意恩中招怨作事樸實眾人欽敬平生安穩有始有終喜怒不形若得天權福貴刃星相助必主寬洪大量福壽綿綿犯重者有壽無福犯

孤破厄星乃中命也。

十二星總論

詳夫觀命之法當以命宮限數為先男怕孤驛凶星有天福天貴者不妨女怕破刃厄星有天權星者助夫旺子有天文天藝星者性巧有天福天貴天壽星者命穩實有天奸星而犯重者定主貧賤淫汙玷辱宗祖行運而逢兩重者命限大晦月分而逢孤破厄星者此月亦主凶災男命而重天貴者貴而不貴兩重天權者權而無權天文重者男女氾濫女命天貴重者終許見貴若見四重貴者克子而衣祿豐盈天福重者衣祿自然厄在時日重者反不為厄逢三厄者不唯無厄而衣祿有餘命限天權星者虛貴而刑妻克子四厄星者主二子衣祿有餘命有二權星者壯重正大命有三權星者必主威權有二天破星者衣祿反穩有三破星者破敗下命有四破星者無衣祿而壽不長奸星見重者反不奸而正大有三奸星者狡猾下流之人有四奸星者亦主徙流刑敗文星重者主富貴文星三者衣祿少而多文學四文星者克妻而損目二福者克妻而見貴三福星者有壽而無福四福星者衣祿充裕二驛星者反生安閒三驛星者主下賤四驛星者得奴僕力二孤星者有子孫三孤星者女克夫男克子四孤星者妻貧窮二刃星者多慈善三刃星者乃貴人有權之命四刃星者權貴而壽夭二藝星者刑妻而克子三藝星者矇瞳而昏愚四藝星者踴蹬而無成二壽星者性愚魯三壽星者出家而高壽四壽星者離祖而窮苦貴驛二重多勞碌破若逢文必夭亡權若見孤多刑克二孤克壽者年雖高而破敗招非少年

重奸者慳貪而福亦不永藝若逢奸刑傷破敗刃若見厄疾病貧窮生時逢二厄早歲凶亡四柱有三孤中年破敗刃厄同宮損自己而傷手足貴壽權生年月必豐祖業而顯門閭破刃孤厄會于一時難為夫妻子息十二星之理於斯備矣論一生之命孰有疑焉智者詳審而細推之自可究禍福於前知也。

論十二月生

正月生人利官近貴大事成小仔細小心之命能招四方財源妻兒和合併無克破。

正月生人詩

端然相貌是前緣　平生快樂福綿綿　貴人接引增吉慶　和合團圓過百年

二月生人心性溫和心無毒害聰明多智六親少緣中限發財大富貴半真半假之命。

二月生人詩

平生性善自家知　一生衣祿自豐肥　錢谷家寶多富貴　高人歡喜小人欺

三月生人心性寬弘凡事忍耐初限平平中限發福末限榮華富貴之命。

三月生人詩

為人心直自寬懷　平生招得四方財　中限榮華時發福　猶如枯木遇春來

四月生人心性不定名動四方愛結朋友不住祖業自立家風初限

中限平平末限大發富貴。

四月生人詩

一年命限勝一年　不須嗔恨苦憂煎　更得持齋方便福　夫妻和合永團圓

五月生人溫和良善心性伶俐有權勢威風行事正直貴人接引夫妻中途離別之命。

五月生人詩

出入常常遇橫財　貴人接引笑顏開　田園事業多興旺　富貴榮華次第來

六月生人性巧伶俐為人遠達身有藝術不守祖業初有財中限吉利末限富貴機謀太重乃好命也。

六月生人詩

平生衣祿自然昌　為人顯達好文章　優遊快樂家豪富　夫妻諧老百年長

七月生人為人慈善作事仔細愛好初限平平中限少好末限富貴榮華之命也。

七月生人詩

一世為人不必憂　安然無事掛心頭　家業田園宜自立　方知福祿命中求

八月生人眼目光暉聰明達理正真無私有藝有財文章近貴之命也若離祖生大貴。

八月生人詩

為人端正貌堂堂　心地聰明性善良　作事多能心達理　佗年

運到福綿長

九月生人性剛招人是非有威權近貴之命姻緣相克子晚妻遲之命也。

九月生人詩

買賣生人事事強　營謀動作志軒昂　若能修善多作福　管取衣資積滿箱

十月生人大海之心不動不懶先難後易衣祿充身之命也先女後男出家亦難為師長徒弟在家亦難為子息夫妻命中多招刑克。

十月生人詩

十月生人慶吉星　災殃永退不相侵　持齋善念行方便　衣祿盈餘自稱心

十一月生人有權性急伶俐近貴心多計謀身有陪疾初限平平中限發福末限富貴之命也。

十一月生人詩

早年獨立自成家　衣祿從心自可誇　骨肉弟兄無倚靠　相交朋友水中華

十二月生人百年勞心心直口快亦主暗疾父母兄弟難靠衣祿自能得四方之財半吉之命也。

十二月生人詩

初限勤勞受苦心　自成自立不求人　心慈口快難藏毒　長幼團圓過幾春

論每月三十日內輪該吉凶星在命

初一　初七　十三　十九　二十五

此日生人太陽星值日為人衣祿有餘初限平常末限大好十九二十五歲男享榮華有父母得力女人乃旺夫發福之命。

初二　初八　十四　二十　二十六

此日生人太陰星值日為人秀氣父母有克六親無倚兄弟難靠男主清奇女主聰明成立之命也。

初三　初九　十五　二十一　二十七

此日生人天武星值日主夫妻和合不能偕老子息刑傷末限榮華富貴之命招過房子離祖成家祖業田園耗散女人傷夫子息難招縱有也要別離過房者不妨。

初四　初十　十六　二十二　二十八

此日生人天母星值日為人多學少成中限無財惹是招非姻緣和順末限富貴大吉利之命也。

初五　十一　十七　二十三　二十九

此日生人天皇星值日為人伶俐衣祿有餘六親無分兄弟難倚財利無虧中平之命也。

初六　十二　十八　二十四　三十日

此日生人太乙星值日為人多學多能清閒高貴文墨之命初限大貴中限平穩末限大旺財祿之命兄弟無依方可。

論十二時生人吉凶

子時生人性急命帶剛強作事反覆不定招人是非父母妻子有克

自手成家之命也十一十八三十六四十六五十八八十九歲之壽。

丑時生人父母刑克一生敬貴有勢有力末限大好福祿有餘之命也十八二十六三十一四十六有災其年可持齋作福七十三歲之壽。

寅時生人父母兄弟妻子多克離祖方好初限平平末限發財二十六二十九三十三三十九四十九六十六歲主得氣血之疾過此九十六歲之壽。

卯時生人父母兄弟妻子無力初限中限作事無成末限安穩一生難守祖業出家入贅先凶後吉十八二十六歲上有災過此可延九十歲壽。

辰時生人父母兄弟妻子難全性格聰明伶俐初限有財中限破財末限依舊光暉十九二十七三十六三十九小災過此七十五歲之壽。

巳時生人聰明俊麗初限榮華衣祿有餘自家成立產業骨肉刑克之命三十一三十六四十九有災過此七十四歲之壽。

午時生人為人春風和氣改換祖業初限中限吉利宜持齋作福十三三十二三十六四十九有疾過此七十八歲之壽。

未時生人父母不全夫妻刑克勞碌成家之命初限有財中限驚恐末限財祿有餘十九二十九五十六有災過此七十三歲之壽。

申時生人離祖則吉父母兄弟不全夫妻到老向善近貴之命初限反覆末限大好十九二十二二十六三十八四十九有災過此七十七歲之壽。

酉時生人為人淳厚難為父母兄弟初限反覆末限大好二十二二

十八三十九四十六小災過此七十七歲之壽。

戌時生人清俊秀美一生快樂之命但福祿亦主進退初中二限平安吉利末限父母相刑妻子有損十四二十六二十九三十六有災過此七十五歲之壽。

亥時生人心直口快自然福祿加增一生辛勤勞碌初限祖業難守末限大吉之命也二十六三十六四十九五十六小災過此八十八歲之壽。

論十二時初中末生人吉凶

子初生人先克母自成家計作事七進八退十成九敗六親疏淡衣祿浮沉末限享福好收成結果之命。

詩

子初果如何　作事進退多　師術僧道吉　一世受奔波

又

生子先兒郎　子息不過雙　娶妻換頭婦　末後發田莊

子中生人無克破一生作事估強有起有倒有成有敗末後雖大興旺須用離祖入贅為吉。

詩

天祿雖興旺　時值活離宮　前程防小失　作福保亨通

子末生人先主克父六親不得力子息不順一生勤苦勞碌作事有頭無尾財帛不聚更改之命晚景好。

詩

子末將過醜　子孫三個有　好子須一個　老景三春柳

醜初生人無克破主進田莊衣祿俱全富貴安間子孫榮顯末限大好之命。

詩

晚景收成好　二子換頭妻　兄弟相形克　榮華福祿齊

醜中生人為人老實進益田莊自小夫妻得力父母六親相和末限大發富貴之命。

詩

醜正先防父　頭男防老傷　須要防妻損　爺娘亦恐傷

聰明伶俐有　福祿益衣糧　財帛田園廣　榮華末運昌

醜末生人心地好善先凶後吉前主克母孤獨自成男女皆離祖之命也。

詩

醜末先克母　女命三妨父　先男後有女　晚景貴人助

寅初生人主先克父依祿有餘為人聰明發達自成自立有盈有虧心性不定好勝好間末限有福之命。

詩

寅初進田莊　兒女喜成雙　財祿中年旺　晚景自安康

寅中生人若無沖克父母雙全衣祿盈餘有福有壽自成家業先主榮華末景安常之命。

詩

寅中命吉昌　聰明性氣剛　一生宜出祖　名姓四方揚

寅正少兄弟　三孫世代長　克妻須保守　財旺益田莊

寅末生人先克母自家成立六親無倚離祖出家之命一生勤苦勞心妻子有克帶疾方可延壽。

詩

寅末命平安　祖業末能看　一生多險厄　舟破上高灘

子媳招宜晚　頭妻未有緣　弟兄無倚靠　假子送歸天

卯初生人先主克母四方衣祿有助祖業既成又敗作事有頭無尾家計自成立之命。

詩

生來初卯時　為人最孤恓　衣祿隨時度　見喜又生悲

廿土自成立　堪憐克正妻　兄弟不得力　子息定招遲

卯中生人命無克破一生主得橫財不求自至武藝立身之命。

詩

富貴架高梁　衣祿甚風光　一生家業旺　武藝近君王

子息成行列　妻富定見雙　宮星身命主　兄弟列成斑

卯末生人先克父十九作事成敗衣祿進退末限平平親子難招祖業雖多不得承受獨權自立在外成家之命也。

詩

初限甚勞碌　憂勤自立家　知音時運至　枯木又生花

命裏多兄弟　田莊又屬佗　子息雖難靠　賢妻甚可誇

辰初生人先克父若是長子必然難為兄弟聰明曉事慈心愛人大事成小衣祿平常自成自立之命子息晚招離祖出贅方可。

詩

衣祿四方來　兄弟六親乖　平地生荊棘　間非擾悶懷

雙親椿早折　妻子淚盈腮　一生多反覆　疑是命中該

辰中生人先主克母衣祿平平立心公道剛直中限富貴性急如風吹火易發易解自成家業妻王高門贅媚外居之命。

詩

日日走奔波　財源自有無　六親不得力　口舌事常多

辰正妻官厄　兒孫未見知　外子承親母　晚景甚巍峨

辰末生人命無克破心性公平財祿穩足多受快樂如魚化龍門飛

騰變化顯達家門之命。

詩

魚龍變化身　衣祿自然盈　一朝雷雨作　四海振聲名

辰末頭妻克　闖房親上親　親兒雖得力　外子更相親

巳初生人先主克母初年富貴田宅進退權柄自立之命。

詩

此命出尋常　修行燒好香　子母多離別　家業始榮昌

巳初子孫早　鴻雁不成行　田園進複退　財帛日中霜

巳中生人先生克父平生惟直開口譚天說地為人多管閒事多成多敗六親無力志氣超群之命。

詩

立身身自穩　舉意意沖天　膽氣如天大　末限福綿綿

巳中子孫望　亦主進田園　克妻二子立　後代子孫賢

巳末生人無克破衣祿豐足兄弟俱全性巧近貴為人成家快樂之命若出家大吉。

詩

巳末喜文章　成家大吉昌　蟾宮相咫尺　立在貴人鄉

巳末福無量　妻宮恐見傷　立身多快樂　晚景受安康

午初生人無克破一生富貴文武皆通為人慷慨出眾超群但六親

無力出外成家之命。

詩

生來正午初　一動百人扶　安車並坐馬　變化貴人摸

六親不得力　兄弟亦多疏　妻房多財富　富室擁千奴

午中生人先克父衣祿辛苦成敗反覆先難後吉末限發達之命。

詩

生來不自由　衣食周未周　巴巴啾唧過　何處逞風流

午末生人先克母六親無力祖業難居衣祿辛苦勤儉生涯末限成家之命。

詩

午末命平常　財子隨分過　若要求進益　一生見奔波

未初生人無克破兄弟完全到處風流先勤後怠衣食足用不求自至初限辛苦晚景添財。

詩

未初無破敗　二子命中招　兄弟相完聚　田宅後滔滔

未中生人先克父衣祿自然心中平等人事周全功名富貴六親難為前凶後吉之命。

詩

未中先克父　又主損頭妻　兄弟須相忍　外子後相依

未末生人先克母招四方之財不得佗人之力喜怒不常入贅出家之命。

詩

衣祿隨時至　人情好又休　祖業多破敗　敗了喜反憂

申初生人無克破性巧聰明逢凶有救大事成小一生穩厚損妻子自成家業之命。

詩

命裏根基旺　家庭福有餘　早發文武籍　錦繡換麻衣

申中生人先克父六親無力招是惹非小人不足衣祿有餘之命。

詩

人情好便休　莫信小人流　安心守本分　慈善度春秋

申末生人先克母六親不得力婚配宜遲妻招一姓為人多疑逢凶化吉之命。

詩

弃花抛祖業　獨立自孤持　外生隨母老　末限定盈餘

酉初生人無克破衣祿充足多招祖業性巧聰明男如龍虎文武皆通女精巧晚景稱意。

詩

金運自光暉　事業錦衣歸　運籌多智慧　財祿豈有虧

酉中生人先克父六親不和宜與二姓同居身間心自性操持發福之命。

詩

衣祿頗隨時　猶如報曉雞　能啼催早起　自己未能飛

酉末生人先克母六親不得力性急不悔衣祿無虧辛榮反覆子息難為終年孤獨之命。

詩

酉末子遲來　清高出家材　妻宮防有克　宜把福田栽

戌初生人先克父兄弟不得力良善近貴之命晚景發福孝弟忠信。

詩

良善行公道　財產天送來　自成自立命　常近貴人台

戌中生人先克母六親無靠食衣在於公門逢凶化吉心貪快樂辛苦勞心膽如痲子口似風顛末限發福之命。

詩

處眾得謙和　皇恩受祿多　威德人欽敬　主張誰敢過

亥初生人先克父作事百般如意一生近貴能為福壽全有之命。

詩

萬般風流事　功名自有成　種種皆遂意　福壽滿山青

亥中生人無克破父母前聲應後聲平等有權不犯災厄親近貴人晚景發達之命。

詩

亥中無克破　衣祿多饒益　有權兼有勢　性氣不能測

亥末生人先克母衣祿隨時六親得力貴人扶助宜作福修齋末後得貴子顯達之命。

詩

十二時中亥末遲　衣祿無多但隨時　肯向善心修齋戒　定生貴子來相持

上半年夜半前作前半月下半年夜半後作後半月不問男女地支四字子寅午申戌為陽醜亥酉未巳卯為陰四字中陽多陰少主克父陰多陽少主克母得之于心應之於手年上起月月上起日日上起時時上起刻男順女逆逢凶則凶逢貴則貴運掌之間照然莫能逃焉。

推人五命得病忌日

金命之人墓在醜　乙丑日得病大凶

木命之人墓在未　癸未日得病大凶

水命之人墓在辰　壬辰日得病大凶

火命之人墓在戌　甲戌日得病大凶
土命之人墓在辰　丙辰日得病大凶
此法玄機通天地　大月從上數至下
小月從下數至上　先問得病月期數
便知病人患吉凶　妙訣推算無人會
先天毫釐定生死　初一日起子細論
馬立人生災有救　馬倒收拾入幽冥
馬斜有災即可治　祿正命重命不傷
祿馬俱倒鬼到門　祿斜有災請醫冥
正五九二六十三七十一四八十二

論十二時歌

子午卯酉四字高　為人聰明逞英豪　多有兄弟難倚靠　一雙父母不相交
時初時末無伴侶　時正孤單獨自挑　財重祿榮身貴顯　翼沖雲漢福滔滔
寅申巳亥四字強　為人聰慧近文章　時正兄弟三四個　時初時末也成雙
父母無刑多倚靠　榮華富貴坐高堂　若得父母雙全在　晚景榮華大吉昌
辰戌醜未四字孤　上妨父母六親疏　雖有兄弟難倚靠　祖房常被別人祖

時初管取先亡父　時末克母在冥途　公門事業為生計　男為僧道女為尼

寅巳申亥　左　　醜辰未戌　右　　子午卯酉　正

※ 이표신기(李豹神技) 합작충분(合作沖分)

무엇이 합작인가?

합은 곧 생산을 의미하여 합하지 않은 글자는 효용이 없다는 뜻이다. 지지술의 합작은 합국이 주다. 삼합국은 아버지와 나, 나와 아들과의 관계와 같다. 아버지와 아들이 함께 가는 길은 거칠 것이 없다. 까닭에 寅은 午와 먼저 합하고, 午는 寅과 戌을 합한다. 戌은 午와 먼저 합하려 한다. 합을 탐하여 합국을 짓는 것을 합작이라 말한다. 다시 말해 합작해야만 길성은 길의가 드러나고, 흉성도 흉의가 나타나므로 보람과 쓸모를 논할 수 있다.

언제 합작하는가?

우선 合局을 지을 때 合作한다. 火局을 예로 설명하겠다. 寅이 午를 보면 合하고, 午가 戌을 보면 合한다. 午가 寅을 봐도 合하고, 戌이 寅을 봐도 合한다. 또 犯重하면 合作한다. 寅이 겹치면 자연 午를 暗合하고, 午가 겹치면 자연 戌을 暗合하여 合動한다. 戌이 겹치면 午를 暗合한다. 沖이 合作合動을 촉발할 때가 있다. 온전한 三合局이나 合局의 四敗를 沖하면 衰神은 拔하고, 旺神은 격렬히 合動한다. 또 이차원적 평면상에서 合局이 성립되지 않은 合의 글자를 衝擊하면 沖을 당한 글자는 合局을 지어 合作한다. 이때는

求生의 뜻이 나타난다. 合局이 아닌데도 合作과 같은 효용이 나타날 때가 있다. 拱挾된 한 글자를 충격하면 좌우의 두 글자가 合作한다. 예컨대 子와 寅이 있고 또 未를 보면 挾神, 丑은 제거되고, 이때 子와 寅은 협력하여 동한다.

합작을 방해하는 요소는 무엇인가?

두 가지가 있다. 첫째는 沖分이고 둘째는 隔脚이다. 四生의 글자가 衝擊되면 合局이 해소되어 合作의 뜻이 사라진다. 이것이 곧 生方怕動이다. 生方이 衝擊되면 虛字와의 暗合이 또한 무산된다. 四庫는 沖開가 마땅하다는 말이 있다. 辰戌丑未가 衝擊되면 속히 四生의 글자와 合作한다. 四庫宜開는 이런 식의 효용으로 먼저 작동한다. 그러나 四敗와의 合局은 불리한 현상을 야기하기 쉽다. 四敗는 四庫가 열리는 순간 入墓되는 까닭이다. 따라서 四庫는 沖開되면 先吉後厄의 현상으로 나타날 때가 많은 것이다. 沖分과 달리 隔脚은 성벽과 같아 합작의 방해 요소가 된다. 예컨대 寅과 午 사이에는 중간에 辰이라는 글자가 두 글자의 상봉을 가로막는 형국이 된다. 또 寅午가 合局을 지으면 자연 戌을 引合하는데 이때 辰이 戌을 衝擊하여 견제하므로 合作의 성가신 장애로 작용한다. 이때는 隔脚의 글자를 沖去해야만 合作이 원활해진다.

※ 성살(星煞) 합작(合作)

해묘미(亥卯未) 삼합(三合) > 수파역(壽破驛) 합작(合作) > 수파합작(壽破合作) · 파역합작(破驛合作) · 역수합작(驛壽合作)

인오술(寅午戌) 삼합(三合) > 권복예(權福藝) 합작(合作) > 권복합작(權福合作) · 복예합작(福藝合作) · 예권합작(藝權合作)

사유축(巳酉丑) 삼합(三合) > 문인액(文刃厄) 합작(合作) > 문인합작(文刃合作) · 인액합작(刃厄合作) · 액문합작(厄文合作)

신자진(申子辰) 삼합(三合) > 고귀간(孤貴奸) 합작(合作) > 고귀합작(孤貴合作) · 귀간합작(貴奸合作) · 간고합작(奸孤合作)

겁연반(劫年攀) 합작(合作) > 절욕쇠(絶欲衰) 합작(合作)

겁연합작(劫年合作) · 연겁합작(年劫合作) · 연반합작(年攀合作) · 반연합작(攀年合作) · 겁반합작(劫攀合作) · 반겁합작(攀劫合作)

지장화(地將華) 합작(合作) > 생왕묘(生旺墓) 합작(合作)

지장합작(地將合作) · 장지합작(將地合作) · 장화합작(將華合作) · 화장합작(華將合作) · 지화합작(地華合作) · 화지합작(華地合作)

망육천(亡六天) 합작(合作) > 록사양(祿死養) 합작(合作)

망육합작(亡六合作) · 육망합작(六亡合作) · 육천합작(六天合作) · 천육합작(天六合作) · 망천합작(亡天合作) · 천망합작(天亡合作)

역재월(驛災月) 합작(合作) > 병태대(病胎帶) 합작(合作)

역재합작(驛災合作) · 재역합작(災驛合作) · 재월합작(災月合作) · 월재합작(月災合作) · 역월합작(驛月合作) · 월역합작(月驛合作)

※ 일장금(一掌金) 십이성(十二星) 각론(各論) 분석(分析)

佛道天貴星

時辰落在天貴宮　一生清貴事和同　志氣不凡人出類　安然自在性明通

此星主人清高有德有行大事成小災禍無侵若更得天權祿驛星助者榮昌富貴若犯重者主悲泣翻悔中下小人半吉之命若逢孤厄破刃照命者必為朝堂折挫之人見貴而未為全吉也。

생시 자귀성은 일생 청귀하고 무리 중에 뛰어나며 성정이 밝고 환하다.

자귀와 인권, 오복, 미역의 조합은 부귀가 번성함을 암시한다.

자귀가 겹치면 유감스럽게도 원활치 않아 소리 없이 우는 평상인에 불과하다.

만약 자귀와 신고, 축액, 묘파, 유인이 조합되면 필시 좌절이 따른다.

이때는 미역을 보아야 길하다.

師教 ▶

1. 寅은 申子의 합작을 차단한다. 즉 子貴가 申孤로 변하는 것을 막는다.

2. 未는 子寅 사이의 丑挾을 제거하여 權貴를 발현한다.

3. 子子가 犯重하면 申孤와 암합한다.

5. 子申의 합작은 貴가 孤로 변하는 것이다.

6. 子貴가 卯酉를 보고 丑을 보면 酉丑이 합국을 지어 동하므로 불리하다.

7. 子貴가 卯酉를 보고 丑未가 충격되면 破刃의 입묘로 흉을 면한다.

8. 子가 未를 반기는 것은 丑未가 충돌하여 卯破와 酉刃

이 입묘되는 까닭이다.

鬼道天厄星

時在厄中人混沌　惺惺作事又癡呆　此人帶疾方延壽　還須勞碌作生涯

此星在命主人帶疾若逢破刃相沖災疾必重若逢權貴星主人輕疾乃中上命也若逢孤驛奸星主作事遲疑一生啾唧定主蹭蹬離祖乃中下命也。

생시 축액성은 모호하여 슬기로운 가운데 어리석다.

도모하는 일은 지체되며 아프면서 오래 사는 고단한 삶을 암시한다.

축액이 묘파와 유인을 보면 재앙과 질병이 중대하다.

축액이 인권과 자귀를 보면 질액이 가볍고 중상인에 든다.

만약 축액이 신고와 미역, 진간을 보면 차질과 조업을 파하는 중하명에 속한다.

師敎 ▶

1. 丑厄은 卯酉가 충격되어 酉丑 합작되는 바를 가장 꺼

린다.

2. 丑厄이 寅權을 보면 子貴를 공협하여 길하다.

3. 丑厄이 子貴와 조합되면 亥壽를 인합하여 건강이 호전된다.

3. 丑未가 충돌해도 申孤가 辰奸을 보면 입고되지 않고 합작하므로 불리하다.

人道天權星

時辰落在天權宮　性格操持志氣雄　作事差遲人也喜　一呼百喏有威風

此星在命主人聰明俊秀灑落襟懷有權有勢多智多能若逢貴福文壽星相助者人人拱聽重犯者權而無權乃中命也若逢厄破孤驛在命者作事勞力財帛不聚未能先能未會先會浮浪中命也。

생시 인권성은 지조와 뜻이 높으며 일호백야의 위풍이 있다.

인권이 자귀와 오복, 사문과 해수를 보면 형권을 쥐고 권력이 없으면 중명이다.

인권이 축액과 묘파, 신고와 미역을 보면 노력을 해도 재백을 취하는 게 없다.

師教 ▶

1. 寅權은 子午의 충격으로 寅午의 강렬한 합작을 이룬다.

2. 寅權이 巳亥의 충격을 보면 丑厄과 卯破의 암합을 차단하여 길하다.

3. 寅權이 申孤를 보면 寅午가 沖分되어 불리해진다.

4. 寅權은 丑未의 충격으로 入庫된다.

5. 寅權이 卯破와 未驛의 합작을 기뻐할 리 만무다.

蓄道天破星

時辰落在天破宮　推金積玉也成空　夜眠算計圖家富　鈔袋誰知有蛀蟲

此星主財帛空虛祖業耗散若得權貴福星相助亦為中命如遇驛刃孤厄犯重者作事艱難重重破敗浮浪東西之下命也。

생시 묘파성은 모은 재산의 탕진을 암시한다.

묘파가 인권, 자귀, 오복의 상조를 받으면 중명이 된다.

묘파가 미역과 유인, 신고, 축액을 보거나 겹치면 파패의 하격이다.

師敎 ▶

1. 卯破는 寅午가 합작되야 남은 복록을 챙긴다.
2. 卯破는 未驛과의 합작을 매우 꺼린다.
3. 卯破가 申孤를 보면 寅午 합작의 회복이 차단된다.
4. 卯破가 犯重하면 未驛을 암합한다.

修羅道天奸星

大如滄海細如毛　佛口蟠心兩面刀　奸狡機謀藏毒性　意多翻覆最難調

此星照命主人一生勞碌啾唧奔波指東說西機變難測若得天貴福星相助財帛豐盈亦為上命若逢權刃星者必為奸權殘忍之小人言清行濁執性凶謀有害人之心無容人之量貪嗔太重非善人也若逢孤厄破驛定為慳貪嫉妒之小人乃下命也。

진간성은 보살의 마음이 양날과 같고 간교의 독성을 감추고 있다.

진간은 명주가 일생 분주하게 쫒으며 동서로 변하여 예측이 어렵다.

진간이 자귀와 오복을 보면 재백이 가득 차 상명이 된다.

진간이 인권과 유인을 보면 간사하고 잔인한 소인으로 언청행탁의 악인이다.

진간이 신고, 축액, 묘파, 미역을 보면 간탐질투의 하격이 된다.

師敎 ▶

1. 辰奸은 子午의 충격으로 子辰 합작하여 이롭다.
2. 酉는 辰寅 사이의 卯挾을 제거하여 奸權을 발현한다.
3. 辰奸은 申辰 합국을 기피한다.
4. 辰奸에 丑卯未의 흉성이 가세하면 하격의 전형이 된다.

仙道天文星

命遇天文秀氣清　聰明智慧意惺惺　男才女秀身清吉　滿腹文章錦繡成

此星照命主人聰明憐俐學識過人作事和美若逢天貴天福天藝星相助定為鼇頭獨佔虎榜登名金階玉階之人也若遇天權天刃星者文武多才乃為上命如遇破厄孤驛及犯重者乃多學少成不為書

算文墨之輩必為雲遊湖海之人乃手藝術士之下命也。

사문성은 총명하고 도리를 깨달으며 남재여수로 교양과 학식이 있다.

사문이 자귀와 오복, 술예를 보면 금옥의 계단에 이름을 올린다.

사문이 인권과 유인을 보면 문무를 겸한 상명이 된다.

사문이 축액과 신고, 미역을 보면 손재주나 피우는 예인이나 술사에 불과하다.

師敎 ▶

1. 巳文이 酉刃과 합작하면 문무 겸비다.
2. 巳文이 寅權을 형동하면 각기 합작한다.
3. 巳文은 丑厄과의 합작을 기피한다.
4. 申은 巳未 사이의 午挾이 합작되는 현상을 차단한다.

佛道天福星

命逢天福是生時　定然倉庫有餘盈　寬洪大量根基穩　財帛光華有福齊

此星坐命主人受福清閒性情自在度量寬洪根基穩實又得權刃相扶衣帛充足倉庫盈餘堆金積玉之命若犯重者衣祿不多若逢驛孤奸破星者必主慳貪嫉妒衣祿艱難之命也。

생시 오복성은 곳간이 차고 넘치는 것에 비유된다.

오복이 인권과 유인을 보면 옷과 비단이 충족하여 퇴금적옥의 부명이다.

만약 오복이 신고와 진간, 묘파를 보면 간탐질투로 가난해진다.

師敎 ▶

1. 午福이 寅權과 합작하고 酉金을 보면 火長夏天金疊疊의 상이 된다.

2. 午福이 申辰을 보면 子挾을 제거하고, 寅午 합작의 장애가 나타난다.

3. 午福이 卯破를 보면 金財의 소멸로 복록이 급감한다.

鬼道天驛星

人道若逢天驛星　搬移離祖不曾停　身心不得片時靜　走遍

天涯足未寧

此星照命主人離鄉別井骨肉情疏勞碌身心自成自立之命若逢福權貴刃壽文星者必主官祿供給車馬相隨乃榮顯之命若逢孤破厄星猶如風吹樹葉水上浮萍心猿意馬賓士不定方外雲遊江湖跋涉之下命也若犯重而刃厄相刑者必為徒流之類。

미역성은 일찍 고향을 떠나 고생하고 두루 편답하며 심신이 편할 때가 없다.

미역이 오복과 인권, 자귀와 유인, 해수와 사문을 보면 중간관리자는 된다.

미역이 신고와 묘파, 축액을 보면 바람 잘날 없는 하격이 된다.

만약 미역이 유인이나 축액과 상형되면 복역이나 귀양을 간다.

師敎 ▶

1. 未驛은 寅午나 巳酉의 합작으로 자립할 수 있다.

2. 未驛이 酉丑의 災月 합작을 보면 형벌을 면키 어렵다.

人道天孤星

時辰若逢此天孤　六親兄弟有如無　定作空門淸淨客　總有妻兒情分疏

此星照命主一生孤獨男人得之六親無分女人得之克子妨夫孤星犯重者反不為孤必為半僧半俗身在俗門心在空門之人若得權福貴壽星助乃上命也亦不免少年刑克若逢破驛奸厄刃星必為雲水漂流下命也凡選故家之命要看孤星為主。

생시 신고성은 형제육친이 없는 것과 같고 처자가 있어도 종내 멀어진다.

신고가 인권과 오복, 자귀와 해수를 보면 상명이 되나 소년형극은 면치 못한다.

신고가 묘파와 미역, 진간, 축액, 유인을 보면 표류하는 형국의 하명이다.

師敎 ▶

1. 申孤는 子貴와의 합작을 반긴다.
2. 申孤는 辰奸과의 합작을 꺼린다.
3. 申孤는 坤으로 亥水를 보면 地天交泰하니 기뻐한다.

畜道天刃星

天刃為人性太剛　是非終日要爭強　持刀弄斧刑心重　好似將軍入戰場

此星照命主一生剛狠性格躁具自傲自是不受人觸受不得閒氣風火性過端然無事若得權貴福星為人不俗禮義足以化強暴乃上命也若逢孤破奸厄膽大心粗形體殘疾不免斷發身死乃下命也惡星少而吉星多者亦為中命犯重者必主殘疾。

유인성은 성질이 태강하여 시비를 가리고, 지도농부의 형심이 중하다.

유인이 인권과 자귀, 오복을 보면 강폭한 성정으로 상명에 오른다.

유인이 신고와 묘파, 진간, 축액을 보면 담력이 크나 단발신사의 하명이 된다.

유인은 악성이 적고 길성이 많아도 역시 몸에 잔질이 있다.

師教 ▶

1. 酉刃이 寅權을 보면 鍾鳴谷應으로 길하다.

2. 酉刃이 卯破를 보면 丑厄과 未驛이 합작할 우려가 크다.

修羅道天藝星

天藝生人性最靈　將南作北逞多能　所為方便機關巧　到處和同作事勤

此星照命主人多智多能機巧近貴若犯重者主資質昏鈍懶惰愚頑多學少成匠作用力之輩若得天權貴福文壽俱全剛柔相濟雖為藝術亦可成立若逢天孤可為僧道之出類者乃中命也若逢破厄則藝業無成終為下命。

술예성은 영험하고 장남작북으로 다재다능하며 도처에 화목하고 근면하다.

술예가 겹치면 혼둔나타우완하여 다학소성하니 힘쓰는 기술자에 불과하다.

술예가 인권과 자귀, 오복, 사문, 해수를 구비하면 강유상제로 예술로 대성한다.

술예가 신고를 보면 승도지류로 중명이다.

술예가 묘파와 축액을 보면 예업무성으로 하명이다.

師敎 ▶

1. 寅午戌의 합작은 가장 화려하다.
2. 戌藝가 巳文과 亥壽를 보면 문장과 영감이 뛰어나다.
3. 戌藝가 卯破를 보면 春入燒痕으로 불리하다.
4. 戌藝가 丑厄을 보면 文福이 입묘하니 보잘 것 없다.

仙道天壽星

天壽生人命最長　上恭下敬性溫良　一聞千悟心慈善　喜怒中間有主張

此星照命主人長壽康健智慧聰明作事溫良有救人之心無傷人之意恩中招怨作事樸實衆人欽敬平生安穩有始有終喜怒不形若得天權福貴刃星相助必主寬洪大量福壽綿綿犯重者有壽無福犯孤破厄星乃中命也。

해수성은 장수의 별로 일문천오하고 마음이 자비롭다.

변덕스러운 가운데 제 주장을 굳이 내세우며 은중초원하는 순박함이 있다.

해수가 인권과 오복, 자귀와 유인를 보면 관대하고 복수가 면면하다.

해수가 겹치면 유수무복하다.

師教 ▶

1. 亥壽가 子貴를 보면 雙魚遊墨으로 스타일리스트가 된다.
2. 亥壽가 酉刃을 보면 響徹天門한다.
3. 亥壽가 犯重하면 卯破를 암합한다.

一掌金 十二星 總論

※ 일장금 십이성 총론

詳夫觀命之法當以命宮限數為先男怕孤驛凶星有天福天貴者不妨女怕破刃厄星有天權星者助夫旺子有天文天藝星者性巧有天福天貴天壽星者命穩實有天奸星而犯重者定主貧賤淫汙玷辱宗祖行運而逢兩重者命限大晦月分而逢孤破厄星者此月亦主凶災男命而重天貴者貴而不貴兩重天權者權而無權天文重者男女氾濫女命天貴重者終許見貴若見四重貴者克子而衣祿豐盈天福重者衣祿自然厄在時日重者反不為厄逢三厄者不唯無厄而衣祿有餘命限天權星者虛貴而刑妻克子四厄星者主二子衣祿有餘命有二權星者壯重正大命有三權星者必主威權有二天破星者衣祿反穩有三破星者破敗下命有四破星者無衣祿而壽不長奸星見重

者反不奸而正大有三奸星者狡獪下流之人有四奸星者亦主徙流刑敗文星重者主富貴文星三者衣祿少而多文學四文星者克妻而損目二福者克妻而見貴三福星者有壽而無福四福星者衣祿充裕二驛星者反生安閒三驛星者主下賤四驛星者得奴僕力二孤星者有子孫三孤星者女克夫男克子四孤星者妻貧窮二刃星者多慈善三刃星者乃貴人有權之命四刃星者權貴而壽夭二藝星者刑妻而克子三藝星者曚瞳而昏愚四藝星者踴蹬而無成二壽星者性愚魯三壽星者出家而高壽四壽星者離祖而窮苦貴驛二重多勞碌破若逢文必夭亡權若見孤多刑克二孤克壽者年雖高而破敗招非少年重奸者慳貪而福亦不永藝若逢奸刑傷破敗刃若見厄疾病貧窮生時逢二厄早歲凶亡四柱有三孤中年破敗刃厄同宮損自己而傷手足貴壽權生年月必豐祖業而顯門閭破刃孤厄會于一時難為夫妻子息十二星之理於斯備矣論一生之命孰有疑焉智者詳審而細推之自可究禍福於前知也。

男怕孤驛凶星有天福天貴者不妨

남자는 고역의 흉성을 두려워하고, 천복과 천귀가 있으면 거리낌이 없다.

女怕破刃厄星有天權星者助夫旺子

여자는 인액성을 두려워하고, 천권성이 있으면 남편을 내조하고 자식이 성한다.

有天文天藝星者性巧

천문천예성이 있으면 기교가 있다.

有天福天貴天壽星者命穩實

천복천귀천수성 있으면 평안하고 견실하다.

男命而重天貴者貴而不貴

남명에 천귀가 중하면 귀한 가운데 귀하지 않다.

重天權者權而無權

천권이 중하면 권세가 있는 가운데 권이 없다.

天文重者男女泛濫

천문이 중하면 남녀가 외람스럽다.

女命天貴重者終許見貴

여명에 천귀가 중하면 마지막에 귀를 허락한다.

若見四重貴者尅子而衣祿豐盈

만약 사귀가 중하면 극자하고 의록은 차고 넘친다.

天福重者衣祿自然

천복이 중하면 의록이 절로 있다.

厄在時日重者反不為厄

액이 일시에 중하면 액을 말하지 않는다.

逢三厄者不唯無厄而衣祿有餘

삼액은 비록 액이 없는 것은 아닐지라도 의록이 유여하다.

四厄星者主二子衣祿有餘

사액성은 이자를 암합하여 의록이 유여하다.

有二權星者壯重正大

이권성이 있으면 장중정대하다.

有三權星者必主威權

삼권성이 있으면 필시 위권이 있다.

有二天破星者衣祿反穩

묘파성이 둘 있으면 의록이 도리어 안정된다.

有三破星者破敗下命

삼파성이 있으면 파패다.

有四破星者無衣祿而壽不長

사파성은 의록이 없고 요절이다.

奸星見重者反不奸而正大

간성을 중하게 보면 반대로 간사하지 않고 정대하다.

有三奸星者狡猾下流之人

삼간성은 교쾌한 하류지인이다.

有四奸星者亦主徙流刑敗

사간성자 역시 방랑하며 형벌을 부른다.

文星重者主富貴

문성이 둘이면 부귀하다.

文星三者衣祿少而多文學

문성이 삼자면 의록이 적고 문학이 많다.

四文星者尅妻而損

사문성자는 극처이손이다.

目二福者尅妻而見貴

이복이 있으면 극처하며 귀를 본다.

三福星者有壽而無福

삼복성은 장수하나 복이 없다.

四福星者衣祿充裕

사복성은 의록이 충분하다.

二驛星者反生安閑

이역성은 반대로 삶이 평안하고 한가롭다.

三驛星者主下賤

삼역성은 하천하다.

四驛星者得奴僕力

사역성은 종을 부린다.

二孤星者有子孫

이고성은 자손이 있다.

三孤星者女尅夫男尅子

삼고성은 계집이 남편을 이기며 자를 극한다.

四孤星者妻貧窮

사고성은 빈궁하다.

二刃星者多慈善

이인성은 자선이 많다.

三刃星者乃貴人有權之命

삼인성은 귀인으로 권력이 있는 명이다.

四刃星者權貴而壽夭

사인성은 권귀하고 수명이 짧다.

二藝星者刑妻而尅子

이예성은 형처극자다.

三藝星者曚瞳而昏愚

삼예성은 사리에 어둡고 둔하다.

四藝星者踴躍而無成

사예성은 힘쓰나 이루는 게 없다.

二壽星者性愚魯

이수성은 성품이 어리석고 둔하다.

三壽星者出家而高壽

삼수성은 출가해서 오래 산다.

四壽星者離祖而窮苦

사수성은 조상을 떠나 궁고하다.

貴驛二重多勞碌

귀역이 둘로 겹치면 많은 공적이 무너진다.

破若逢文必夭亡

파가 만약 문성이 있으면 필시 요망한다.

權若見孤多刑尅

권이 만약 신을 보면 형극이 많다.

重奸者慳貪而福亦不永

진간이 겹치면 아끼고 탐내다 복이 요원해진다.

藝若逢奸刑傷破敗

예가 만약 간을 보면 형상파패다.

刃若見厄疾病貧窮

인이 만약 액을 보면 질병빈궁이다.

生時逢二厄早歲凶亡

생과 시에 이액을 보면 이른 나이에 흉망이다.

四柱有三孤中年破敗

사주에 삼고가 있으면 중년파패다.

刃厄同宮損自己而傷手足

인액이 동궁하면 자신을 해치거나 수족을 다친다.

貴壽權生年月必豐祖業而顯門閭

귀수인이 연월에 들면 필시 조업이 풍요롭고 좋은 가문이다.

破刃孤厄會於一時難為

파인고액이 모이면 한때 어려움이 있다.

師敎 ▶ 후술되는 '착(着)' 편 참조

※ 십이신살(十二神煞) 개략(槪略)

보통 명격은 십이성에 주안을 두어 살피고, 행운은 십이살의 합작에 주안해서 본다. 하지만 성살을 체와 용으로 엄격하게 구분하게 운용하는 법은 없다. 십이신살은 '십이운수'에서 전격적으로 다룬다. '간파명운'에서는 십이성이 주된 내용으로 십이살은 개관으로 그친다.

神煞	大要	生月	生日	生時
劫煞	敵將, 不安, 劫奪, 獨善, 執念, 不當	祖 業 難 守	百 事 難 成	膝 下 子 厄
災煞	災殃, 損財, 離間, 汚名, 囚獄, 端正	天 賊 失 物	中 年 致 敗	子 孫 不 孝
天煞	天命, 天災, 順命, 歎息, 靈感, 無德	早 年 相 別	夫 婦 風 波	身 病 困 厄
地煞	悲哀, 隱遁, 隘路, 畜財, 富命, 田園	必 是 離 鄉	先 別 堂 親	四 路 有 緣
年煞	桃花, 逸脫, 外遊, 理想, 華飾, 色情	身 上 有 病	有 頭 無 尾	一 身 孤 獨
月煞	枯渴, 中斷, 中毒, 流轉, 業報, 改革	事 不 如 意	東 奔 西 走	喪 別 內 苦
亡身	破家, 不正, 榮辱, 波瀾, 背信, 不屈	兄 第 背 反	夫 婦 苦 痛	晚 年 無 功
將星	權威, 固執, 獨斷, 成就, 發展, 傷害	頭 角 發 顯	長 壽 名 振	一 身 榮 貴
攀鞍	人德, 人氣, 出世, 福祿, 功名, 繁榮	名 振 四 海	富 貴 兼 全	子 孫 榮 達
驛馬	移動, 周遊, 遠行, 他鄉, 財福, 風流	外 親 內 疏	妻 妾 兩 嫁	江 山 遍 踏
六害	手術, 事故, 榮落, 善行, 信心, 宗教	因 人 被 害	他 鄉 流 離	晚 年 榮 枯
華蓋	文星, 智慧, 技藝, 再會, 歸鄉, 救濟	氣 像 明 朗	自 手 成 家	所 榮 必 成

▪ 사십팔형(四十八型;48 Patterns)

十二星과 十二煞은 각기 固有의 意味와 象徵을 나타내며, 吉凶의 意味를 同時에 包括하는 槪念이다. 例를 들면 子貴星이나 午福星, 寅權星, 戌藝星 等은 吉星으로, 丑厄星이나 申孤星, 卯破星, 酉刃星 等이 凶星으로 分類되는데 이 같은 旣存의 二分法的 發想으로는 看命 實際에서는 잘 通하지 않게 된다. 이는 十二殺 또한 마찬가지다. 보통 攀鞍이나 將星은 길하고, 劫煞이나 災煞은 불리하게 여긴다. 가령 子貴는 아름답지만, 이 글자가 災煞에 속한다면 불리한 결과를 보기 쉽다. 또 반대의 경우도 얼마든지 나타난다. 실제에서는 훨씬 복잡다단한 국면일 때가 많다. 간단한 예로 子가 申과 合作하면 貴는 孤로 변하고, 신살은 災驛의 합작이 되어 고립 상황에서 탈출하는 상황이 연출된다.

神煞의 운용법은 '十二運數'에서 본격적으로 다루는 만큼 여기서는 星煞이 자리 배치에 따른 吉凶의 大綱 줄거리만 파악하면 그만이다. 이 대목은 종래의 단편적인 唐四柱 술기를 보다 다양하게 확장시키는 첫 시도로서의 의미가 있다. 十二星과 十二煞의 配合은 전체 48개의 型으로 구분되고 이를 연월일시 각각 자리별로 뜻을 달리 하면 192개의 초기 모델을 세울 수 있다.

星煞	劫煞	地煞	亡身	驛馬
寅	權在四方 難免口舌	因人成事 落馬之運	榮華交叉 官厄侵氾	若非官祿 以商得財
巳	諸營凡事 龍頭蛇尾	博學多識 豪傑之人	衣食足足 妻憂子患	出入取財 衣食足足
申	恩人爲仇 妻子之患	莫恨初困 富命可期	手段則好 狂風飄落	難免孤獨 後半奉貴
亥	親人爲敵 一被基害	一喜一悲 後日太平	怪変層生 長沙之厄	行處有旺 壽致八十

子卯午酉 네 글자에는 災煞, 年煞, 將星, 六害의 十二煞 4種이 配屬된다. 대체로 寅申巳亥와 같이 急激한 變化와 變動事를 惹起하지 않는다. 가령 災煞은 敵兵이지만, 將星은 大將에 比喩되므로 災煞의 否定的인 意味는 將星으로 克復된다는 의미가 있다. 가령 四柱에 劫煞과 亡身이 같이 있으면 이 둘의 相互作用으로 더욱 猛烈한 氣勢를 보이기 쉽지만, 災煞과 將星이 있다면 災煞의 作用力은 減少되고, 將星의 肯定的인 意味가 優勢를 보이게 된다. 年煞은 侍女, 六害는 馬夫에 곧잘 比喩되므로 命中에 이 같은 글자를 지니면 貴한 身分이나 安樂, 太平 等의 좋은 意味로 解釋될 때가 있다. 까닭에 年煞은 色情, 六害는 手術 等으로 暗示되는 不利한 象意는 致命的이기 보다 한때의 事件 程度로

判斷할 때가 많다.

星煞	災煞	年煞	將星	六害
子	守舊安常 中年致敗	衣食豊足 左琴右琴	苦盡甘來 胸中愁心	身煩東西 榮辱交叉
卯	事不如意 心思不閑	多有疾病 不然刑厄	雖有譽聲 權変下賤	活人求濟 養虎爲患
午	錦衣玉食 一有疾厄	名利雖吉 一有災厄	一身榮貴 心身有病	高樓巨閣 骨肉無情
酉	飛鳥傷翼 累年風波	財運雖吉 身有苦楚	若無身欠 手足有欠	若非僧道 困厄重重

丑辰未戌 네 글자에는 天煞, 月煞, 攀鞍, 華蓋의 4種이 配屬된다. 이중 攀鞍은 甲衣를 象徵하는 最上의 煞星으로 "一生에 한번의 榮華를 반드시 본다"는 黃金期를 시사한다. 반면 日時의 天煞과 月煞은 上帝나 城域 等으로 比喩되며 尊貴함과 拒逆할 수 없는 悲運을 同時에 暗示하는 特別한 意味를 지니고 있다. 華蓋 또한 複雜한 概念의 煞星으로 吉凶을 判斷하기 쉽지 않지만, 일단은 秘書나 侍從과 같은 獻身이나 奉仕의 意味로 받아들이면 適當하다. 이 같은 十二煞은 十二支의 各 글자와 組合되어 吉凶의 意味가 갈라지므로 愼重히 判斷해야 한다. 예컨대 辰戌의 글자에 配定된 華蓋는 未나 丑의 華蓋煞에 比해 身分의 등급이나

公益에 寄與하는 側面에서 한 段階 높은 次元을 암시한다.

星煞	天煞	月煞	攀鞍	華蓋
丑	明珠潛海 失意之嘆	身厄常隨 成敗煩煩	魚入大海 橫厄警戒	若不登科 藝妓之人
辰	變化無窮 以好他人	變化無窮 官災之數	口變有餘 蛟龍得運	以才成功 千金自散
未	出入頻煩 好事多魔	勿近虛妄 間間口舌	出他心閑 樂極生悲	六親無德 不然叩盆
戌	性巧才多 家內多厄	雖無世業 自手成家	若不官位 可嘆平生	勤苦得財 每濟貧窮

Ⅱ· Body

▪ 음양(陰陽;Yin & Yang)

命, 卜, 醫, 相, 山으로 大別되는 東洋術學의 모든 範疇는 陰陽, 五行, 八卦, 九星의 原理로 이루어져 있다. 이중 八字命理는 特히 陰陽五行의 理法에 充實하여 陰陽 五行의 嫡子라는 말이 있을 정도다. 普通의 命理家들은 干支의 五行 法則에만 置中하지만, 八字術의 實力者라면 陰陽五行의 氣學的 側面과 八卦九星에 根據한 材料를 看過할 리 없다. 看破命運의 地支術 또한 例外가 아니다. 상대적으로 論理逮繫는 簡潔하다 해도 '陰陽五行八卦九星' 중에 그 어느 한 가지 要素도 排除할 수 없다. 까닭에 傳來되어 온 一掌金의 단편적 理論體系는 향후 基本 原理를 加味해 나가면서 本來의 모습을 찾게 될 것이다.

※ 음양(陰陽)과 십이지(十二支)

이 世上의 모든 萬物은 補完的 對立 關係로 存在하면서 더불어 作用한다. 가령 男子와 女子, 生物과 無生物, 밝음과 어두움, 强함과 부드러움 等等이다. 그런데 陰은 陰으로만 存在하는 게 아니라 時間이 흐르면 陽이 되고, 陰 그 自體에도 陽의 氣運이 潛伏하고 있는 것이다. 陰에는 陽이 있고, 陽에는 陰이 있으며 陰이 陽이 되고, 陽이 陰이 되는 게 萬物의 理致라 할 수 있다. 위 그림을 보면 흰색 바탕의 陽(Yang) 속에 검은 點 陰(Yin)이 存在하고, 陰과 陽은 太極의 形象을 이루며 맞물려 돌아간다. 그림 위의 陽이 가득 찬 瞬間에 陰이 胎動하기 始作하고, 陰이 가득 찬 아래 部分에서 陽이 始作되는 理致를 認識할 수 있다. 陰陽圖에 陰과 陽은 黑白으로 區分하기도 하고, 또는 青赤으로 區分하기도 한다.

陽의 屬性은 剛烈하고, 陰의 屬性은 柔順하다. 十二支의 各 글자는 陰과 陽으로 區分되는데, 이들 글자는 陽의 性質로만 構成되거나 或은 陰陽이 配合되어 陰이나, 陽 어느 한편으로 무게가 실리는 경우의 두 가지로 나눌 수 있다. 假令 寅申巳亥와 같은 네 글자는 陽性 그 自體로 몹시 猛烈한 氣質을 含有한다. 反面 辰戌과 같은 境遇에는 陰陽의 屬性을 共히 含有하며, 陽의 性質이 다소 强하므로 陽의 글자로 分類되지만, 前者의 네 글자와는 意味를 달리 한다.

十二支 各 글자의 陰陽 配屬은 다음과 같다.

陽	陰	陽	陰	陽	陰	陽	陰	陽	陰	陽	陰
子	丑	寅	卯	辰	巳	午	未	申	酉	戌	亥

이중 子午와 巳亥는 體用을 달리 하는 바, 陽은 陰의 글자로 陰은 陽의 글자로 變하여 實際 用法에서는 아래와 같이 陰陽이 配定되는 것이다.

陰	陰	陽	陰	陽	陽	陰	陰	陽	陰	陽	陽
子	丑	寅	卯	辰	巳	午	未	申	酉	戌	亥

思惟해보면 唐四柱로 세워지는 네 글자는 可及的 陰陽이 고루 分配되어 調和의 妙를 살리는 게 좋을 것이다. 이를테면 四柱를 構成하는 글자 모두가 寅申巳亥辰戌의 陽으로 構成된 境遇라면 몹시 猛烈한 氣勢로 因해 삶의 波瀾을 暗示하는 直接 要因이 된다. 마찬가지로 네 글자 모두 子午卯酉丑未의 陰으로 이루어진 命이라면, 이 또한 困厄을 暗示하는 意味를 갖게 된다. 그러나 後者의 여섯 글자 중 丑과 未는 特히 陰의 屬性이 重하므로 이 두 글자로만 이루어지지 않는 限, 致命的으로 壽福을 害할 念慮는 없다. 따라서 글자 自體의 陰陽 屬性으로만 判斷한다면, 寅申巳亥와 丑未의 여섯 글자의 構成을 두려워하게 된다.

이를테면,

年柱	月柱	日柱	時柱
寅 權 星	巳 文 星	申 孤 星	巳 文 星

이나

年柱	月柱	日柱	時柱
未 驛 星	未 驛 星	丑 厄 星	丑 厄 星

와 같이 陽이나 陰의 글자로만 이루어진 四柱는 보통 불리한 命으로 判斷하고, 極甚한 波蘭이나 不美한 일이 잦음을 推理할 수 있게 된다.

※ 착(着) (Synapsis)

四柱를 構成하는 글자가 陽이나 陰으로 치우치는 境遇 以外에 같은 글자가 重複되는 現狀 또한 陰陽이나 五行의 適切한 配合, 卽 中和를 害치는 要因이 된다. 이것은 주로 두 글자의 組合을 말한다. 다른 말로는 犯重으로 표현하는데 글자가 연이어 나열되면 暗合하는 작용력과 本意의 反轉이 나타난다. 또 同着은 六親宮의 자리 별로 서로를 밀어내는 현상을 야기하여 보통 六親과의 分離나 無緣을 암시해서 대개 좋지 않게 본다. 이것은 命主의 身厄과 性格,

六親 관계의 缺陷으로 나타난다. 女性은 거개 뚜렷한 原因도 없이 늘 몸이 아픈 傾向이 나타난다. 同着이 現狀은 생각 이상으로 危殆하기 쉽다. 심하면 히스테리 症勢를 보이고, 配偶者를 嫌惡하는 등 夫婦의 緣이 不吉해져 離婚이나 死別, 別居 等의 波蘭을 隨伴한다.

年月同着	健康上의 缺陷이 發生하기 쉽고, 夫婦 간 各居하는 期間이 있다.
年日同着	夫婦나 同居人 간 憎惡하는 경향이 짙다.
年時同着	無子인 境遇가 있고 配偶者, 子息과 各居하는 期間이 있다.
月日同着	父母와의 緣이 薄하고, 配偶者와 離別하는 境遇가 많다.
日時同着	子息을 낳고 配偶者와 疏遠해지기 쉽다.
月時同着	子息을 낳고 父母兄弟와 疏遠해지기 쉽다.

앞에서 同着은 육친, 특히 배우자와의 불화로 나타나기 쉽다고 강조했는데, 一掌金의 十二星 總論에서는 각 글자의 犯重을 따로 다루고 있다. 예컨대 厄星은 둘 이상이 겹쳐지면 厄을 논하기 어려울 정도로 衣祿이 유여해짐을 강

조한다. 三厄과 四厄은 부자의 전형으로 말할 정도다. 이것은 일단의 經驗則에서 나온 것으로 보면 된다. 발상하면 丑土에는 子貴가 숨쉬기 때문이다. 그래서 丑土는 模糊한 것이라 했다. 반면 子貴의 입장에서는 陀尼帶水를 기피한다. 까닭에 子貴는 未驛을 기뻐할 때가 많다. 厄星과 달리 破星은 의미의 반전을 거듭한다. 破星이 둘로 겹치면 衣祿이 도리어 안정된다는 것이다. 그러나 三破, 四破는 여지없이 破敗한다. 이 같은 현상은 神煞의 合作과 胞胎가 반영되어 나타나는 결과다. 卯破의 犯重은 자연 亥壽와 未驛을 暗合한다. 亥壽는 堅實과 平安의 상징이다. 神煞로 亥卯의 地將이나 卯未의 年攀 合作이 이루어지면 凶星의 損耗는 회복을 기대할 수 있다. 貴星이나 權星은 자체로 福이 되는데 이 또한 重하면 貴而不貴, 權而無權을 논했다. 이때는 神煞이 거개 驛馬나 亡身으로 작동하기 때문이다. 그러나 본연의 權貴가 소멸되지 않는다. 午福이 重하면 衣祿이 자연 있기 마련이다. 合作하는 글자는 모두 吉星인 까닭이다. 奸星은 특별하다. 辰土는 한 마디로 豫測이 어렵다. 辰奸이 子水를 보면 奸邪하지 않고 正大하기 쉽다. 그런데 辰土에는 卯破가 살아 숨 쉰다. 三奸이나 四奸은 刑敗를 야기하는 下流일 때가 많은 것이다. 巳文이 둘이면 午福과 같다. 그러나 三文은 衣祿을 減한다. 四文은 剋妻損財한다. 酉刃을 暗合하고 神煞이 六害나 災煞이 되면 불리한 뜻이 깊어진다. 本性은 변하기 어렵다. 巳文은 겹칠수록 文章이 빛난다. 未驛은 卯破와 午福을 含有한다. 대개 未驛이 짝으로 겹치면 도리어 閑暇해지는 작용이 나타난다. 三驛은 下賤을 면키 어렵다. 三驛의 吉凶 또한 핵심은 神煞의 배합에 달렸다. 月煞이나 天煞에 떨어지면 苦役을 면키 어렵다.

보통 十二星의 의미 吉凶 반전은 둘로 겹치며 나타나기 쉽다. 하나의 글자를 暗合하기 때문이다. 二字에 비해 三字가 되면 暗合한 다음에 홀로 남은 글자의 本性으로 돌아가기 쉽다. 四字는 그 자체로 命主體로 보아 本性이 극렬해지는 상태로 보는 관점이 우세하다. 二孤는 子孫이 있지만, 三孤는 妻子의 不緣이다. 四孤는 貧窮하다고 보는 식이다. 二壽는 卯破를 暗合하여 어리석기 쉽다. 三壽와 四壽는 長壽한다. 이때 亥壽가 驛馬나 亡身의 神煞에 속하면 窮苦함을 면키 어렵다. 二刃은 慈善하다. 그러나 三刃, 四刃은 刑意가 깊어진다. 四字의 패턴 예외는 보통 四庫에서 나타난다. 四厄은 富者가 되고, 四驛은 奴婢를 부린다. 四奸은 放浪하며 刑罰을 부르고, 四藝는 愚昧하며 힘써도 無成이다. 四柱에 辰戌이 衝擊되면 刑傷破敗한다고 했는데 이것은 子貴와 午福이 沒收되는 까닭이다.

※ 사혹십악(四或十惡)

東洋의 數理觀에 一은 數의 첫째로 誕生을 意味하고, 十은 끝이자 終末을 뜻한다. 事物이 極에 이르면 惡氣가 發生하고, 極數인 十數는 結局 空이 된다. 이는 차면 기울고, 기울면 逆轉反起한다는 뜻으로, 過猶不及과 같다. 陰陽五行과 八卦九星의 吉凶變化는 數理를 벗어날 수 없는 法인데, 一但 이 대목에서는 逆順으로 十位에 該當하는 글자 組合은 不利하다는 點만 우선 認知하기 바란다. 滿招損이란 얘기다.

가령 다음의 十二支 글자 順에서,

陰	陰	陽	陰	陽	陽	陰	陰	陽	陰	陽	陽
子	丑	寅	卯	辰	巳	午	未	申	酉	戌	亥

끝의 글자, 亥에서 逆順으로 열 번째에 該當하는 글자는 寅이다. 戌에서라면 丑에 該當한다. 酉에서 보면 子, 申에

서 보면 亥의 글자가 該當된다. 이를 逆으로 發想하면 逆行으로 열 번째에 該當하는 글자는 順行으로 네 번째에 該當하는 글자임을 알 수 있다. 이상 '逆行十位, 順行四數'에 該當하는 글자 組合을 整理해보면 다음과 같다.

子	丑	寅	卯	辰	巳	午	未	申	酉	戌	亥
卯	辰	巳	午	未	申	酉	戌	亥	子	丑	寅

古法에서는 이러한 글자 조합을 두고 이름도 生疎한 勾紋煞로 말했다. 星煞이 極甚하게 불리한 배합을 이루면 自殺이나 死亡에 이를 수도 있다. 까닭에 古人들은 四數와 十數를 凶數로 看做하고 이를 대개 꺼렸다. 四或十惡의 글자 組合은 八字術에서 즐겨 다루는 '刑, 害, 破' 等의 不利한 地支 組合에 거의 모두가 該當된다. 다시 말해 이러한 글자 組合은 四柱를 動하게 하는 직접적 요인이 되는 것이다.

四或의 글자 조합은 胞胎로 각기 生하고 病드는 象意를 품는다. 다시 말해 得病이나 刑厄의 憂患을 겪기도 하고, 반대로 完快나 發展의 生意가 나타나기도 한다. 十二運星을 살펴보라. 寅은 巳에서, 巳는 申에서, 申은 亥에서, 亥는 寅에서 곪아 病地에 든다. 반대로 巳는 寅에서, 申은 巳에서, 亥는 申에서, 寅은 亥에서 長生한다. 즉 四孟의 글자는 順生의 구조를 띤다. 四正은 逆生한다. 卯가 子를, 子가 酉를, 酉가 午를, 午가 卯를 生한다. 古人들이 六破에 生意가 나타난다고 한 까닭이 바로 이 말이다.

天權은 天文을 生하고, 天文은 天孤를 生하며 天孤는 天壽를 生하고, 天壽는 天權을 生한다. 天權에서 天壽가 傷하

고, 天壽에서 天孤가 傷하며 天孤에서 天文이 傷한다. 天貴는 天破를 生하고, 天破는 天福을 生하며 天福은 天刃을 生하고 天刃은 天貴를 生한다. 天貴는 天刃을 傷하고, 天刃은 天福을 傷하며 天福은 天破를 傷하며 天破는 天貴를 傷한다. 이상이 森羅萬象界의 理致다.

▪ 오행(五行;5 Elements)

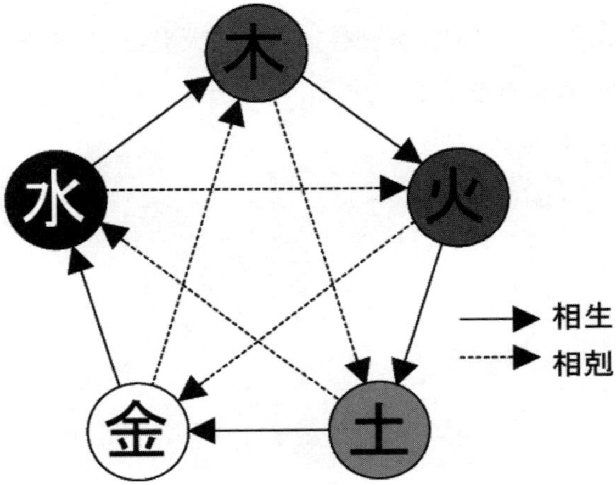

陰陽과 함께 五行은 四柱를 分析하고, 調和를 圖謀하는 重要한 要素라 할 수 있다. 地支術의 키워드가 되는 合은 陰陽論에서 沖은 五行論에서 나왔다. 十二支의 각 글자는 다섯 가지의 氣로 分類되는데 木, 火, 土, 金, 水로 나눠진다.

陰水	陰土	陽木	陰木	陽土	陽火	陰火	陰土	陽金	陰金	陽土	陽水
子	丑	寅	卯	辰	巳	午	未	申	酉	戌	亥

五行은 두 가지의 代表的인 運動 體系로 相互作用을 한

다. 그것은 相生과 相剋으로 일컬어지는데, 相生은 서로가 힘을 보태주고 保護받게 되는 健全한 作用力을 말한다. 相生의 作用을 事物에 比喩해서 時間의 經過에 따라 自然스럽게 變해가는 科程을 說明하면 다음과 같다.

나무가 材料가 되어 불을 지핀다(木生火). 불의 結果는 재와 따뜻한 氣運을 만들어 흙을 거름지게 한다(火生土). 땅속에서 金屬과 鑛物이 形成된다(土生金). 金屬은 結局 물과 같은 流動體로 化하여 用을 다하게 되고, 巖盤에서 샘이 솟는다(金生水). 물은 나무에 滋養分을 준다(水生木).

이 같은 相生의 循環體系는 河圖에서 抽象되고, 相剋의 體系는 洛書에서 抽象된 것이다. 相生과 달리 相剋의 作用은 各 對象의 形體를 變質시키거나 弱化시키는 狀況을 描寫하는 式으로 比喩되는데 내용은 다음과 같다.

나무가 흙의 養分을 빨아들이면 土壤이 荒幣해진다(木克土). 물은 흙에 依해 汚染되고 吸收되며 흐름이 막힌다(土克水). 물로 불을 끈다(水克火). 불은 쇠를 녹인다(火克金). 쇠붙이로 나무를 베어낸다(金克木).

좀 어려운 이야기가 되겠는데 陰陽論은 氣學, 五行論은 理學 체계로 뼈대를 이룬다. 八字術은 아무래도 五行 生剋의 理法에 무게가 기울지만, 地支術은 陰陽 胞胎의 氣論이 근간을 이룬다. 이를테면 日干을 身主로 삼는 子平과 달리

一学金은 年支의 三合局을 命主로 세운다. 따라서 看破命運은 合局을 주체로 삼아 衝擊과의 관계 현상을 살피는 데 주력한다.

※ 이표신기(李豹神技) 합작충분(合作沖分) 참조

一学金에서 세워지는 四柱에서 沖은 7번째의 글자로 귀결된다. 예컨대 7月生이나 7日生이 되면 年月이나 月日이 沖의 글자 관계로 나타난다. 地支術에서는 年과 月日時 각각을 대비하는 三次元的 사유체계를 견지한다. 또 神煞을 예로부터 日時 관계를 중시했다. 기본적으로 불리하게 여긴 글자 조합은 '沖, 破, 着'이었다.

7月生	年月의 沖, 父母代의 風波나 家業을 承繼하기 어렵고 夫婦間 離別數가 있다.
1月生	年月의 着, 몸이 아프고 夫婦間 離別數를 겪기 쉽다.
4月, 10月生	年月의 勾紋, 平坦한 삶을 期待하기 어렵고, 잦은 障碍와 隘路를 實感한다.
午時生	日時의 沖, 夫婦間 離別數와 配偶者의 不運을 實感하기 쉽다.
子時生	日時의 着, 夫婦間 離別數와 늘 몸이 아픈 傾向이 있다.
卯時, 酉時生	日時의 勾紋, 險한 일을 겪고, 늘 不安한 마음이 되기 십상이다.

一掌金에서 중시하는 글자 조합의 間隔 숫자는 1, 3, 4, 5, 7로 요약할 수 있다. 一數는 犯重으로 離間과 暗合을 야기한다. 다음으로 合局을 이루는 글자는 五數로 이어진다. 合局을 방해하는 글자는 三數의 隔脚과 七數의 衝擊이다. 七沖은 五位의 글자에서 보면 곧 三數의 隔脚이 된다. 四數는 勾紋으로 病들고 生하는 글자 조합을 말한다.

한편 간과해선 안 될 중요한 글자 조합이 四庫의 刑沖과 入庫 관계다. 가령 戌未가 刑하면 四柱의 火와 木에 해당하는 글자는 모두 入墓된다. 만일 巳年生이 戌未刑을 봤다면 命主가 入庫되므로 고립되는 불리한 상황을 목도하기 쉽다. 入庫를 면하려면 合作을 통해 求生하는 理致가 있다. 四柱에 巳戌未가 있고 또 酉를 본다면 巳文을 酉刃을 쫒아 入庫를 면한다. 이때는 刑動이 巳酉 合作의 실제 결과로 나타난다. 一掌金은 또한 寅申巳와 丑戌未 三刑이 具備된 命을 危重히 여겼다. 重한 刑厄이 宿命적으로 따른다는 것이다. 대개 寅申巳는 金錢 관계가 수반된 背信, 詐欺 등으로 나타나고, 丑戌未는 監禁, 暴行, 手術 등의 身體上 橫厄과 관련이 깊다. 이때의 관건은 命主의 合局, 즉 求生 여부에 달렸다고 볼 수 있다. 入庫 현상은 虛字와도 관계가 깊다. 가령 巳과 酉를 보면 자연 丑을 引合하므로 이때 四柱에 戌이 있다면 火의 글자, 六神과 六親宮은 入庫하는 상황- 엄밀하게는 合作의 中斷 局面 - 이 연출된다. 이러한 상황은 대개 먼저 合作으로 盛했다가 결국 無爲로 돌아가는 吉變凶이 되기 쉽다. 凶變吉도 마찬가지다. 凶星의 合作이 入庫될 때 그러하다. 丑戌未 三刑이 무서운 이유는 무차별적인 入庫 현상을 야기하기 때문이다.

※ 입고물(入庫物)

진술충(辰戌沖) ↓ 자(子), 사(巳), 오(午), 해(亥) 입묘(入墓)

축미충(丑未沖) ↓ 자(子), 인(寅), 묘(卯), 오(午), 신(申), 유(酉) 입묘(入墓)

축술형(丑戌刑) ↓ 자(子), 사(巳), 오(午), 신(申), 유(酉) 입묘(入墓)

술미형(戌未刑) ↓ 인(寅), 묘(卯), 사(巳), 오(午) 입묘(入墓)

▪ 팔괘(八卦;Ba-Gua)

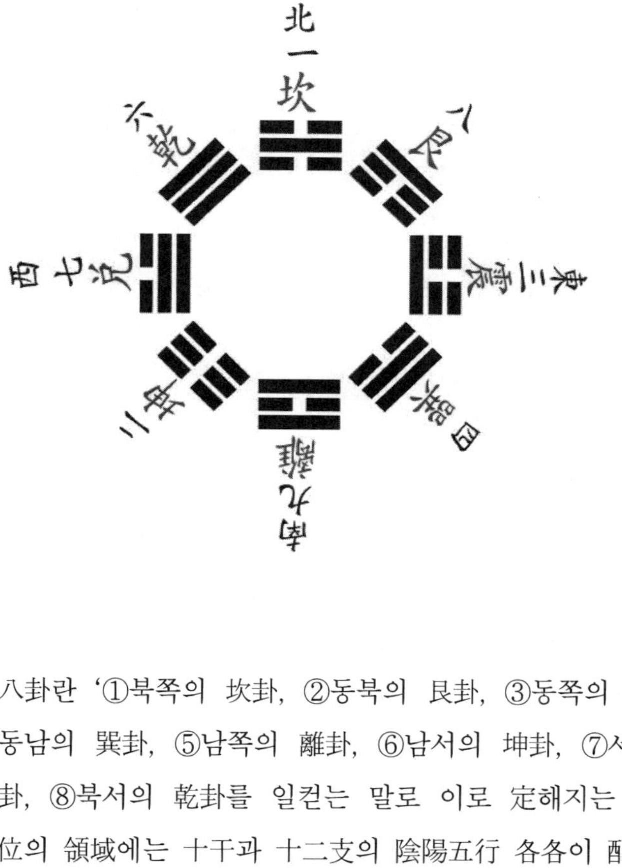

八卦란 '①북쪽의 坎卦, ②동북의 艮卦, ③동쪽의 震卦, ④동남의 巽卦, ⑤남쪽의 離卦, ⑥남서의 坤卦, ⑦서쪽의 兌卦, ⑧북서의 乾卦를 일컫는 말로 이로 定해지는 여덟 方位의 領域에는 十干과 十二支의 陰陽五行 各各이 配屬된다. 八卦의 原理는 命術보다는 相의 範疇에 屬하는 風水에서 主로 活用되는데, 따라서 八卦는 風水를 分析하는 데 있어 가장 有用한 指針이자 道具라 할 수 있다.

보통 八字術에서 活用하는 材料로서 八卦를 根據로 하는 論理는 鬼門이다. 肉身의 警戒를 超脫하지 않는 한 우리는 모두 땅을 밟고 산다. 위로는 하늘을 보고 公刊의 中心과 흐름을 말하지만, 大地의 四方은 오직 서 있는 地點만이 中心點이 되므로 平面에 그린 圓形이 宇宙를 包括할 수는 없다. 까닭에 人間은 宇宙를 보고 그릴 수는 있지만, 平面의 束縛은 벗어날 수 없다. 干支를 모두 平面에 圖解하면 各各의 對宮을 形成한다. 風水에 東西不配合의 原則이 있는데, 이를 그대로 適用해서 各 글자의 對宮을 定하면 地支 글자 相互間에 可及的 보아서는 안 될 鬼門과 怨嗔의 글자 組合이 成立된다.

風水에서는 癸丑과 丁未 사이의 對宮을 긋는 線上을 裏鬼門이라 해서, 매우 害로운 地帶로 看做했다. 따라서 癸丑과 丁未 사이를 잇는 軸線上에 建物의 玄關(向)을 두는 것을 禁忌視했다. 심지어 房門도 이 線上에 놓이면 居住人의 精神이 散亂해지고, 健康을 害친다는 것이다. 그러므로 東北方이나 南西方으로 玄關이 位置한 營業場이라면 그것이 잘될 리 없다고 보았다. 그러므로 寅과 未는 奇禍를 豫告하는 傾向을 强하게 內包한다.

보통 鬼門關煞로 알려진 글자 조합으로 '子酉, 丑午, 寅未, 卯申, 辰亥, 巳戌'의 六種이다. 이것은 頭腦와 心理 狀

態와 密接한 聯關이 있는 殺星으로 頭腦 回傳이 迅速한 反面 心理的인 原因으로 일어나는 神經 技能의 異常(Neurose)을 惹起한다.

甚하면 性的 倒錯症이나 悲嘆에 빠져 自殺을 敢行하는 動機로 作動하기도 한다. 間或 奇人으로서의 性格的 缺陷을 나타내기도 하고, 또는 大思想家나 藝術家의 四柱에서 發見되는 成分으로 人類 知識과 文化의 革命的인 成果나 發展을 이끄는 動機로 作用하기도 했다.

特히 鬼門이 겹치거나, 刑沖되면 그 作用力이 한층 强化되어 行動과 思考에서 特異한 現狀으로 나타나게 되고, 身上에 重大한 變化가 豫告된다. 이때는 神經過敏으로 苦生하거나 常識 밖의 엉뚱한 決定이나 行動을 보이기 쉽다. 甚하면 精神疾患에 露出되기도 하고, 어처구니없는 事件事故를 誘發하는 境遇가 있다.

一掌金에서는 鬼門을 따로 논하지 않는다. '李豹神技'에서 보다 심도 깊게 고찰할 이 대목은 차후에 설명하기로 한다.

▪ 구성(九星;9 Star ki)

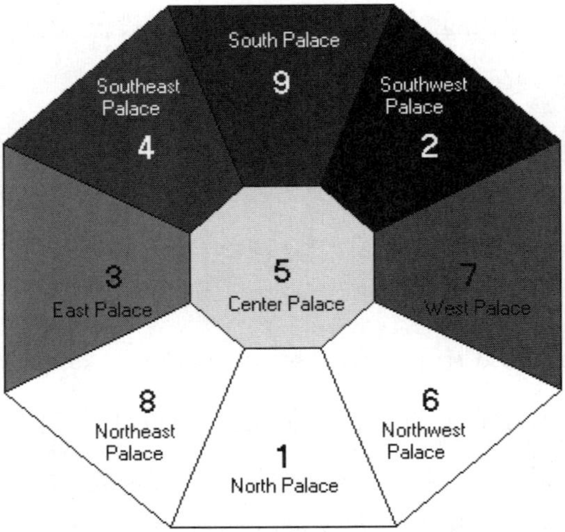

九星은 古代의 陰陽家들에 의해 만들어진 東洋術學의 原理 體系다. 이것은 '一白, 二黑, 三碧, 四綠, 五黃, 六白, 七赤, 八白, 九紫' 등의 9個의 별을 말하는데, 五行과 干支에 配當해서 별마다 主人이 되는 해가 있게 하였다. 이를테면 三碧의 해에 태어난 사람은 三碧의 支配 下에서 一定한 性質과 運勢를 타고나게 되니, 그 해를 보아 그 사람의 運勢와 方位의 吉凶을 判斷하는 것이다. 이러한 術數는 주로 日本의 星象學家들이 즐겨 운용하는데 一掌金과는 특별히 연계되는 부분이 없으므로 참고삼아 살펴보기 바란다.

九星의 活用 範圍는 東洋 術法의 全体에 걸쳐 多樣 하기 짝이 없다. 洛書에서 發展한 九星에 中宮과 八卦를 '休, 死, 傷, 杜, 開, 驚, 生, 景'의 八門에 配合을 하여 運行 하는 9方位의 자리를 이르는 말이 九宮이다. 安葬할 경우, 葬穴의 깊고 얕음을 볼 때는 8門 代身에 貪狼, 武曲, 破軍, 巨門, 右弼, 文曲, 左輔, 廉貞, 祿存의 九星을 붙인다. 方位의 吉凶 判斷을 할 때는 洛書의 數에 天祿, 眼損, 食神, 徵破, 五鬼, 合食, 進鬼, 官印, 退食의 이름을 붙인다.

4 徵 破 [巽宮]	9 退 食 [離宮]	2 眼 損 [坤宮]
3 食 神 [震宮]	5 五 鬼 [中宮]	7 進 鬼 [兌宮]
8 官 印 [艮宮]	1 天 祿 [坎宮]	6 合 食 [乾宮]

우리 祖上들은 九宮을 活用, 出行이나 移徙의 吉方이나 擇日, 한해의 身數 등을 보는데 活用했다. 한마디로 九宮이란 方位를 아홉 개의 宮으로 나눠 各 方位 別로 吉凶을 意味를 담은 것으로 내용이 다음과 같다.

1.天祿 **吉**	하늘의 복을 뜻하니 만사가 여의한 길성이다. 사업은 번창하고, 직위가 오르며 진학, 혼인 등의 길사가 순조롭다.
2 眼損 **平**	대체로 평안한 수나 눈병이, 생긴다는 의미가 있는 만큼 심신이 피곤한 경우가 많다.
3 食神 **吉**	먹을 것이 많이 생기고 재수가 좋은 수다. 막혔던 일이 해결될 조짐을 보이고, 재물이 모이기 시작한다.
4 徵破 **凶**	재물을 도적맞고 실패를 자초할 가능성이 높은 불리한 조짐이 이니 조심해야 하고, 타인과 다툼을 피해야 하며 현상유지가 최선이다.
5 五鬼 **凶**	손재나 시비구설이 따르는 불리한 운으로 질병으로 고통 받기도 하니 동서남북 사방에서 귀신이 장난을 치는 것처럼 여겨질 정도다.
6 合食 **吉**	전반적으로 문서 운이 길하고, 식구가 늘며 재산을 모으고 부자가 된다는 길한 의미를 지닌다.
7 進鬼 **凶**	투자는 불리하고, 이성관계가 악화되며 근심과 손재가 따를 수로, 특히 언행에 유의해야 한다.
8 官印 **吉**	벼슬 또는 지위가 오르고, 관록이 몸에 따른다는 길성이나, 관액이나 구설을 초래하기도 하므로 길흉이 교차하는 복잡한 상황이다.
9 退食 **凶**	손해를 보는 수로 가산이 패할 조짐이고, 금전융통을 기대하기 어려우며 전반적으로 퇴조하는 현상을 실감하게 된다.

九宮의 運用은 各 숫자에 담긴 意味를 먼저 把握한 다음

에 數의 變法을 익혀 活用하면 된다. 이때 男子는 '3食神, 震宮' 에서 1歲를 붙여 세어 나가고, 女子는 '2眼損, 坤宮' 에서 1歲를 붙여 나가는 것을 原則으로 한다. 가령 男子 2歲는 '3食神' 다음의 '4징파'에 該當되고, 여자 3歲도 '4징파'에 該當될 것이다. 이렇게 九宮의 順序대로 나이, 年齡을 센 다음 該當宮을 中宮에 配置한 다음, 다시 九宮의 數理 背熱에 따라 九宮表를 定하게 된다.

예를 들어 8歲나, 26歲, 44歲에 該當하는 男子의 '九宮表'를 作成하려면,

구분									
男子 나이	1	2	3	4	5	6	7	8	9
	10	11	12	13	14	15	16	17	18
	19	20	21	22	23	24	25	26	27
	28	29	30	31	32	33	34	35	36
	37	38	39	40	41	42	43	44	45
	46	47	48	49	50	51	52	53	54
	55	56	57	58	59	60	61	62	63
	64	65	66	67	68	69	70	71	72
女子 나이	2	3	4	5	6	7	8	9	1
	11	12	13	14	15	16	17	18	10
	20	21	22	23	24	25	26	27	19
	29	30	31	32	33	34	35	36	28
	38	39	40	41	42	43	44	45	37
	47	48	49	50	51	52	53	54	46
	56	57	58	59	60	61	62	63	55
	65	66	67	68	69	70	71	72	64
해당宮	3 食神	4 徵破	5 五鬼	6 合食	7 進鬼	8 官印	9 退食	1 天祿	2 眼損

위 나이 別로 세어나간 ‘1天祿’에 該當함을 確認한 다음에 基本 九宮表의 中宮 자리에 ‘1天祿’를 配定한 다음 ‘1天祿, 2眼損, 3食神, 4徵破, 5五鬼, 6合食, 7進鬼, 8官印, 9退

食' 順으로 再配置한 變宮을 作成한다.

아래 基本 九宮表와 九宮表의 變宮을 參考하면 쉽게 理解할 수 있다.

▲ 基本 九宮表

四 徵破 [巽宮]	九 退食 [離宮]	二 眼損 [坤宮]
三 食神 [震宮]	五 五鬼 [中宮]	七 進鬼 [兌宮]
八 官印 [艮宮]	一 天祿 [坎宮]	六 合食 [乾宮]

▲ 8세 男兒의 九宮表 變宮

九 退食 [巽宮]	五 五鬼 [離宮]	七 進鬼 [坤宮]
八 官印 [震宮]	一 天祿 [中宮]	三 食神 [兌宮]
四 徵破 [艮宮]	六 合食 [坎宮]	二 眼損 [乾宮]

日本의 占術界는 오래 전부터 九星氣學流의 豊盛한 콘텐츠를 緊密하게 活用했고, 最近에는 西歐에서 改良된 風水(FengShui) 理論과 九宮(Nine Star Ki) 프로그램이 迅速하게 普及되는 趨勢다. 독자들이 英文으로 支援되는 FengShui 사이트를 직접 검색해보면, 自身의 生日을 入力했을 때, 위와 같은 九宮表의 變宮이 나타나고, 吉方과 凶方에 대한 區分은 勿論 對人關係에 이르기까지 親切한 설명을 곁들인 다양한 프로그램을 곧장 確認할 수 있다.

自身의 나이에 따라 九宮表의 變宮으로 당 해의 移徙가 可한 方位와 出行의 吉凶 方位를 알 수 있다. 가령 40歲의 女性이라면, 해당 宮이 '5五鬼'에 配定되므로 '九宮表의 變宮'은 '基本 九宮表'와 다름이 없을 것이다. 아무튼 정해진 九宮表에 配屬된 八卦는 곧 方位를 나타내므로 各 方位에 담긴 九宮의 意味를 勘案(감안)해서 方位의 吉凶을 判斷하면 된다.

四 徵破 [巽宮]	九 退食 [離宮]	二 眼損 [坤宮]
三 食神 [震宮]	五 五鬼 [中宮]	七 進鬼 [兌宮]
八 官印 [艮宮]	一 天祿 [坎宮]	六 合食 [乾宮]

이 女性의 가장 좋은 方位하면, 우선 現 位置 - 自宅이나 職場이 있는 곳 - 에서 北쪽(坎), '1天祿'의 方向이 가장 大吉하다고 볼 수 있다. 다음으로 各九宮의 吉한 性分인 '3食神'이나 '6合食', '8官印'의 方向이 吉하다. 이때 東

北(艮), '8官印'方은 境遇에 따라 좋지 않을 수가 있으므로 이 方向으로 弔問이나 問病을 가는 것을 可及的 삼가는 게 좋다.

한편 南쪽(離), [9退食] 方으로 移徙(이사)하거나 出行하면 官災나 口舌, 各種 事故 等에 露出되는 等 매우 不吉하므로 반드시 避하는 게 좋다. [4徵破]나 [5五鬼], [7進鬼]와 같은 不利한 方向으로 움직이면 被害를 주는 좋지 않은 因緣이나 事故 等으로 不利해질 수 있으므로 可及的 避하라고 했다.

한 번 더 演習해보자. 이를테면 올해 41歲가 되는 男性의 境遇, 該當 宮은 '7進鬼'다. 따라서 아래와 같은 略式 九宮表의 變宮이 成立되고, 各 方位 別 OX로 吉凶을 區分, 表示해두고 이를 活用할 수 있다.

SE 6 ○	South 2 X	SW 4 X
East 5 X	7	West 9 X
NE 1 ○	North 3 ○	NW 8 ○

이때 該當 宮이 되는 '7進鬼'는 原來의 九宮表에서 西쪽에 位置했다. 現在의 西쪽은 '9退食'의 자리로 凶한 方位가 되지만, 이 方位가 吉한 方位라 해도 該當 宮이 原來 位置한 자리는 누구에게나 가장 凶한 方位가 된다는 點을 看過해서는 안 된다. 이를 테면 35歲가 되는 女性은 '9退食'이 該當 宮이다. 原來의 九宮表에서 '9退食'이 자리하는 宮은 南쪽으로 일단은 이 方位로 移動하는 것이 가장 不利하다는 것이다. 이를 두고 본인의 三煞方이라 해서, 三煞 方位로 移徙를 하거나 開業을 하면 凶하고, 該當 方位나 領域에 建物을 짓거나, 或은 土石을 다루거나 建物 等을 수리하면 不利하다고 했다. 또 한 해의 運數를 가늠하는 方便

으로도 九宮을 活用하는 方法은 비교적 簡便하다. 다만 男女 공히 나이에 의해서만 定해지는 意味에 不過하므로, 信憑性이 높다고 보기엔 어렵다. 그러나 앞에서 說明한 一掌金의 十二支 數理에 根據한 몇 가지 기본 지식을 加味하게 되면 神妙함을 알게 된다. 九宮에 每月을 配定하는 方法은 다음과 같다.

3月 4月 [巽宮]	5月 [離宮]	6月 7月 [坤宮]
2月 [震宮]	[中宮]	8月 [兌宮]
1月 12月 [艮宮]	11月 [坎宮]	9月 10月 [乾宮]

以上과 같이 配定된 各 月別로 九宮表 變宮의 該當 九宮內容을 推理해서 每 時期의 狀況을 調律하고 判斷하면 그만이다. 예컨대 當年 35歲가 되는 女性의 身數를 가늠하기 爲해서는 먼저 該當 九宮表를 作成해야 한다. 35歲 女性은 該當 宮이 9退食이 되므로 다음과 같은 九宮表의 變宮이

成立된다.

八 官印 [巽宮]	四 徵破 [離宮]	六 合食 [坤宮]
七 進鬼 [震宮]	九 退食 [中宮]	二 眼損 [兌宮]
三 食神 [艮宮]	五 五鬼 [坎宮]	一 天祿 [乾宮]

따라서 이 女性의 寅月 運勢는 '3食神'에 該當되고, 2月 卯月은 '7進鬼', 3月과 4月은 '8官印'과 같은 式으로 展開됨을 알 수 있다. 每月 運의 推理는 앞에서 敍述한 九宮 각 位의 解說 內容을 參考해서 類推하면 된다. 가령 5月 午月은 '4徵破'에 該當하므로 '되는 일이 없을 때니 현상유지가 최선'이고, 6月과 7月인 未月, 申月에는 '6合食'이 들어 文書運이 있으므로 名譽로운 吉事가 있을 것으로 유추한다. 8月 酉月에는 '2眼損'이니 大體로 平坦할 數나, 身體의 리듬을 低調할 것으로 判斷하는 式이다. 당해 가장 期待할만한 時期라면 9月 戌月의 '1天祿'과 12月 丑月의 '3

食神'이 드는 季節을 꼽을 수 있을 것이다.

그런데 만일 이 女性이 四柱의 日柱가 未天驛이라면, 戌月의 '1天祿'과 丑月의 '3食神'이 暗示하는 吉한 意味가 入庫 현상을 야기하여 吉凶이 교차할 가능성이 높다. 이와 같이 唐四柱의 構造를 念頭에 두고, 九宮의 世運訣을 活用한다면 보다 正確性을 期할 수 있게 된다. 이때 한 해의 總評은 '9退食'이 主가 되므로, 全般的으로 退步하는 狀況이라 할 수 있다. 그러므로 이듬해인 '1天祿'이 該當 宮에 드는 時節을 기다리며 忍耐하는 것이 바람직하다고 볼 수 있다.

요는 이렇다. 看破命運이 지향하는 術數는 가장 迅速하고 正確한 看命術이다. 까닭에 萬歲曆이나 紙筆과 같은 도구, 그리고 일정한 演算 과정으로 算命에 필요한 요소가 많을수록 效用이 떨어진다. 오늘날 文明의 利器는 복잡한 연산과정을 단 몇 초 이내로 좁히는 術法의 시대를 가능하게 했다.

그러나 讀者들. 가장 빠른 것은 머리다. 가장 信賴할 수 있는 것도 축적된 學習의 결과다.

※ 한국(韓國) 당사주(唐四柱) 민간(民間) 잡결(雜訣)

1. 受胎 前兆

옛말에 가급적 辰, 戌, 丑, 未年의 受胎, 卽 姙娠이나 出產을 避하라고 했다. 九宮에서 五數는 入中宮者가 되어 白虎에 該當하는데 十二支로 그 첫 글자는 辰이 된다. 다음으로 十位次에 닿는 곳, 卽 끝수 十은 空이 되어 凶意가 더해지는데 모두 辰戌丑未 네 글자에 該當한다. 따라서 '용띠, 개띠, 소띠, 양띠'의 子女를 두게 되면 六親의 橫厄을 暗示하는 前兆가 된다는 것이다. 그러나 이상을 다 不吉하다고 본다면 大端한 語不成說이 아닐 수 없다. 다만 夫婦의 命主로 보아 天煞이나 月煞로 合作되는 시기를 피하는 게 좋을 것이다. 이때는 아무래도 여의치 않은 때에 봉착하기 쉽다.

그래서 天煞의 드는 해에 태어난 子息은 家長의 沒落이나 不幸, 或은 因緣을 달리 하여 惡緣으로 作用하기 쉽다고 했다. 다음으로 亡身이나 劫煞이 드는 해에 子息을 出產한다면 一定 期間의 苦痛이나 波瀾을 避해가기 어렵다는 속설이 있다. 이 또한 부정적인 의미를 지닌 神煞이 合作할 때에 그러하다.

반대로 攀鞍과 將星이 合作하는 시점에 子女를 出産하면 家運이 繁盛할 가능성이 높다. 그러나 이때도 入庫로 合作이 中斷되면 상황이 여의치 않을 것이다.

災煞이 드는 해에 出産한 子女는 父母보다 發展하고 出世하는 子息이 된다. 六害가 드는 해에 보는 子息은 家業을 承繼하는 着實한 자식일 가능성이 높다고 했다. 이렇게 보면 대체로 四庫 보다는 四正의 해에 보는 자식이 부모를 기쁘게 할 가능성이 높다고 볼 수 있다.

2. 日辰 別 禁忌 事項

+ 日干 別 禁忌

甲日	금전 거래를 피한다. 차용하는 것은 문제가 없으나 빌려주면 받기 어려워진다.
乙日	일체의 播種을 피한다. 이날 파종하면 병충해와 수해 등으로 敗農한다.
丙日	수리 등 흙에 손을 대는 일을 피한다. 특히 丙戌日 매장은 금기사항이다.
丁日	
戊日	부동산 매매를 절대 피하라. 토지신이 해악을 준다는 날이기 때문이다.
己日	책이나 문서를 찢는 일을 삼가라. 이를 어기면 어김없는 흉조가 나타난다.
庚日	수술이나 침, 주사를 맞는 일을 금하라. 완치나 완쾌가 어려우며 심하면 사망한다.
辛日	
壬日	
癸日	다툼이나 시비를 피해야 한다. 특히 소송을 제기하면 패하기 쉬우니 삼가라.

+ 日支 別 禁忌

子日	점占치는 일을 삼가라. 불리해진다.
丑日	
寅日	점占을 치거나, 굿을 하면 흉한 일을 겪게 된다.
卯日	샘을 파거나 수도를 옮기면 가세가 기울게 된다.
辰日	눈물을 흘리면 禍厄을 당할 수다.
巳日	移徙나 遠行은 불리하다.
午日	狩獵을 금하고, 지붕을 개조하면 안 된다.
未日	入院이나 注射는 금하는 게 좋다.
申日	家具를 옮기거나 들이면 좋지 않다.
酉日	잔치를 크게 벌이면 凶하다.
戌日	개를 집에 들이거나, 내보내면 좋지 않다.

Ⅲ · Outro

▪ 명격(命格;Destiny)

一掌金으로 세워진 四柱는 命格을 글자에 배합된 星煞의 의미로 등급을 나눈다. 여기에는 合作 상황이 반드시 고려돼야 한다. 干支가 배합된 李豹神技에서는 보다 구체적이고 세밀한 命格의 분류가 이뤄진다. 예컨대 午生이 있다고 치자. 此造는 生時에 寅權을 보아야 최상의 格局을 짓는다. 다음으로 生時 戌藝를 보는 것이다. 命局에 午戌寅을 모두 보면 곧 上格이 되기 쉽다. 이때 丑厄이나 未驛이 개입되면 格이 낮아진다. 未驛이 丑厄 보다 더욱 불리한 것은 寅權도 入庫될 가능성을 내포하기 때문이다. 대략 이 같은 절차로 命格의 테두리를 정한다.

看破命運에서는 四柱의 각 기둥 별 六親宮을 三次元的으

로 살피는 관법에 주안을 둔다. '十二運數'에서 神煞과 배합된 六神 운용법을 주로 다루게 된다. '李豹神技'는 干支를 배합하여 子平命理보다 현란할 정도의 六神法을 선보이고 있다. 다시 말해 '看破命運'에서 印比食財官과 같은 六神이나 十星은 따로 거론하지 않는다는 얘기다. 결론하면 看破命運은 六親의 根苗花實論과 大運의 元亨利貞法을 看命의 근간이 된다.

지금부터 하나의 命式을 가정하여 설명하겠다. 가령 陰曆 1964년 8월 23일 午時生의 女命이 있다고 치자. 四柱를 세우면 辰奸年, 酉刃月, 亥壽日, 巳文時로 세워진다. 甲辰 생은 합국으로 水命이다. 이때는 命主 水氣를 기준으로 각 글자 五行을 살펴 六神을 도출해 낼 수 있는데 '간파명운'에서는 이 같은 육신법을 다루지 않으므로 생략한다. 命局을 기준으로 六神을 표출하여 운용하는 기법은 주로 '십이운수' 편에서 학습하게 되고, 運干을 주체로 干支가 배합된 육신법은 '이표신기'가 다룬다.

坤命, 甲辰生

辰奸星			午福星
華蓋			災煞
	酉刃星	亥壽星	巳文星
	年煞	亡身	劫煞

이 四柱의 命格을 살피면 辰奸이 生時 午福의 조력으로 中年 이후의 富貴를 기대할 수 있다. 天奸은 酉刃을 보면 惡性을 품어 이를 기피한다. 또 申孤와의 合作을 가장 꺼린다. 대체로 此造는 성장기를 지나 奸福助格의 富命으로 볼 수 있다. 월지 酉刃이 亥壽를 보면 戌藝를 挾하여 響徹天門이 된다. 이를 酉亥戌挾格이라 칭하고 午戌福藝의 暗合으로 긍정적인 작용을 한다. 이와 같이 地支術에서는 여러 가지의 格局을 정할 수 있다. 각 命格의 高低가 상이하게 나타날 때도 많으므로 전체를 잘 배합하고 살펴 판정하면 된다. 또 시간의 흐름에 따라 高低가 달라지는 현상도 유추해 낼 수 있다. 이상은 모두 根苗花實과 元亨利貞의 틀로 가늠하는 것이다. 간파명운에서 다루는 兼格은 아래 格局을 도표를 참고하면 도움이 된다.

재차 살펴보자. 命主는 辰奸이고 부모·형제의 자리는 酉

刃이다. 배우자의 자리는 亥壽고, 자식의 자리는 巳文과 午福이다. 이렇게 각 자리별로 육친의 宮을 정하면 우선 十二星의 본성으로 육친의 희기를 파악한다. 이것이 곧 근묘화실이다. 此造는 年月의 辰奸, 酉刃이 조합에 비해 日時 亥壽, 巳文, 午福의 吉星 대비로 배우자와 자식이 두드러짐을 알 수 있다. 이를 命主의 신상에 한정하면 성장기보다 중년 이후의 삶이 보다 潤澤해짐을 알게 된다. 이와 같이 세월의 흐름에 따라 길흉희기를 가늠하는 방식이 곧 원형이정이다.

辰奸星 華蓋			午福星 災煞
	酉刃星 年煞	亥壽星 亡身	巳文星 劫煞

酉와 亥 사이에 戌藝가 공협된 戌藝는 午福과 암합을 이루어 衣祿이 유여해지는 길한 뜻을 나타낸다. 또 뛰어난 藝技를 지닌 자식이 있음을 암시하기도 한다. 午戌의 合作은 세월에서 子를 볼 때 격렬히 나타난다. 앞에서 女命의 日時沖은 離婚할 可能性이 매우 높다고 했다. 배우자와 자식의 자리가 분리됨을 뜻한다. 甲辰 생은 日時의 巳亥沖이

존재하지만, 月支 酉를 보아 別意가 나타나지 않는다. 즉 沖分이나 合作이 이루어지지 않는 상황이다. 세월에서 丑을 보면 巳酉丑 合局을 짓는다. 生年 辰을 세월의 戌로 沖하면 亥水 배우자궁이 入庫한다. 이뿐만 아니다. 巳火와 午火도 入墓하므로 위중한 결과를 보기 쉽다.

命格을 세우는 연습을 한 번 더 해보겠다. 陰曆 1969년 4월 9일 午時生의 女命이 있다고 치자.

坤命, 己酉生

酉刃星 午福星

午福星 戌藝星 辰奸星

天刃이 午戌福藝의 合局으로 補助하고 寅權을 引合하니 刃福權助格이다. 午複萬福이다. 辰戌이 衝格되면 午福의 旺者入墓다. 戌逢奸傷格이 된다.

※ 간파명운(看破命運) 격국(格局)

命格	上格	中格	下格
佛道天貴	子權福助格 四貴格	貴犯重泣格	子孤厄合格 一貴二驛格
鬼道天厄	四厄格	丑逢權貴格 日時厄困格	丑孤奸合格
人道天權	寅子午格 寅巳亥格 三權格	權而無權格	寅丑未沖格 寅見申刑格
畜道天破		破逢寅午格 二卯反穩格	時卯破敗格 三四破夭格 卯巳衝妄格
修羅天奸	辰貴福助格	奸權刃惡格 二奸正大格	奸孤破厄格 三四奸貪格
仙道天文	二文富貴格 文午戌格 文權刃格	巳戌藝技格 文重泛濫格 三四文耗格	巳丑算墨格 三四奸刑格
佛道天福	午權刃富格 午複萬福格	三福輕減格	午孤奸破格

鬼道天驛	四驛得奴格	驛逢二吉格 二驛安閑格	驛孤破厄格 驛刃厄囚格 三驛下賤格
人道天孤	天地交泰格	申子合作格 二孤有子格	申辰合作格 孤破驛奸格 三四孤窮格
畜道天刃	刃權貴福格 三刃有權格 四刃壽夭格	酉亥戌挾格 二刃慈善格	刃孤厄破格 刃厄傷身格
修羅天藝	藝文權壽格	戌申僧道格	戌丑破墓格 藝重唵昧格 戌逢奸傷格
仙道天壽	壽權福助格 壽逢酉寬格	雙魚墨池格 壽犯重淳格	二壽愚魯格 四壽窮苦格

▪ 행운(行運;Fortune)

一掌金의 流年, 行運法은 취약하다. 地支術 자체가 갖는 한계가 뚜렷하기 때문이다. 예컨대 戊辰年과 庚辰年의 운세가 한결 같은 법이 없다. 바로 이 대목을 극복하기 위해 세워진 運命術 체계가 五字術의 李豹神技다. 干支를 배합한 十星法과 刑沖會合의 必殺技와 胞胎物象의 尖端技가 모두 응축된 논리가 담겼다. 그러나 무엇보다 基礎가 중요하다. 十二符號의 이론 체계와 星煞의 운영체제에 완전히 숙달되어 있어야만 五字術의 神技로 나아갈 수 있다.

전항의 命格은 星을 중시했지만, 行運은 神煞 合作에 주안을 둔다. 그렇다고 해서 이 둘의 요소가 體用으로 완전히 분리되어 설명되는 법은 없다고 설명한 바 있다. 독자들은 看破命運을 통해 먼저 十二星을 마스터해야 한다. 神煞 운용의 풍부한 지식 체계는 곧 十二運數를 통해 학습하게 될 것이다. 여기서는 十二神煞의 기본기를 익혀 대강의 行運法을 숙지하는 것으로 목표를 세웠다. 비록 十星術이 빠졌다고 해도 命格의 根苗花實과 元亨利貞 기틀을 이해하고 헤아리면 看破命運 자체로도 나름 온전한 命術 체계를 세울 수 있으므로 모쪼록 학습자들은 基本技 에 主力하기 바란다.

지금부터 十二神煞의 槪略을 순서대로 설명하겠다. 각 항목에 부기된 要點에 주안을 두고 작용력을 이해하는 게 좋다. 神煞의 核心은 이렇다. 神煞은 대개 合作으로 發하거나 순화되고, 沖으로 작용력이 滅한다. 앞에서 표기한 神煞 合局을 염두에 두고 理解와 暗記를 병행해야 한다.

※ 성살(星煞) 합작(合作) 참조

1. 劫煞

겁살이 사주에 있는 자는 대개 불안한 심정을 지닌 사람이다. 겁살 방향은 말썽이 일거나, 결점, 불안한 요소가 잠재하는 곳으로 피하는 게 좋다. 보통 겁살일의 문객은 가정의 중대사를 물어보기 위해 내방한 것이고, 해당 사안은 대개 장성이나 화개가 성립되는 연월일에 해결된다. 망신이 드는 월일에 해결되는 문제는 언쟁이나 쟁투, 시비를 수반한 문제 해결로 보통 길사가 된다. 겁살일에 경솔한 언행은 화근이 될 우려가 크다. 겁살이 드는 해에 자식은 대개 좋지 않은 인연으로 작용한다.

要點 > 겁살은 망신을 충한다. 즉 망신을 동하게 하여

망육천의 합작을 야기하기 쉽다. 이러한 조합을 짓는 사주의 구조라면 내외부적으로 상당한 손실을 실감하게 되는 것이다. 또 이미 망육의 합국이 있는 명식에서는 이 둘의 합작을 차단한다. 이때 망육에 해당하는 십이성이 길성이면 불리하다. 반대로 흉성의 조합이면 흉이 길로 변한다.

2. 災煞

재살이 사주에 있으면 해당하는 육친궁은 처음에 무탈하다가도 흉운기에 접어들면 반드시 자신을 해치는 상대로 판단하는 게 좋다. 따라서 재살의 띠에 해당하는 상대에게는 평소에 속마음을 터놓거나 내막을 노출시키면 후일 피곤하게 된다. 자식이 재살이 드는 해에 나면 자신을 능가하고 출세하며 융성한 삶을 살게 된다. 이 날의 내객은 답답한 일이나, 이미 재앙을 당한 사람으로 역마살이 되는 연월일의 시점에 문제가 해결되는 것으로 판단해서 조언하면 된다. 재살 방향에 위치한 건물이나 공간은 손을 대지 않는 게 좋고, 이를 어기면 탈이 난다.

要點 > 재살은 장성을 충하여 명예를 실추시키는 흉살의 작용부터 나타나기 시작한다. 재살은 일명 수옥으로 자신을 가두는 국면에 봉착하기 쉽다. 이것은 역마와 합작해

야 곤고한 국면에서 해방될 수 있다.

3. 天煞

천살 방향은 불리하므로 늘 염두에 두는 게 좋다. 중대한 일을 앞둔 전날 밤은 천살 방향으로 머리를 두고 자면 안 된다. 천살 방향으로 이사하면 좋지 않은 인연을 만나게 된다. 사주에 천살과 월살이 나란히 있으면 배우자와 언쟁이 심하고 불화하며 매사 장애가 많다. 천살과 망신살이 나란히 있으면 몹시 흉한 일이 발생하게 된다. 이날의 내객은 탄식하고 후회하는 일로 찾은 사람이다. 문제 해결의 길일은 육해살, 혹은 겁살의 연월일로 판단하면 좋다. 천살이 드는 해에 난 자식에게 투자하는 것은 못에 돌을 넣는 것에 비유될 정도다.

要點 > 천살은 인간의 의지로는 극복할 수 없는 별천지와 같다. 대항할 수 없는 문제로 인해 고민하게 되는 것이다. 이 살은 망신과 육해와 합작한다. 천망육의 합작은 몹시 불리한 것이다. 이 합작을 차단하려면 겁살의 격각이 최선이다. 이래저래 손실을 보기 마련이므로 극심한 스트레스를 야기한다.

4. 地煞

지살에는 울화가 내재되어 있다. 움직여야 하는데 준비가 안 된 것과 같다. 지살일의 문객은 답답해서 울고 싶은 감정에 놓인 자다. 지살은 장성과 잘 매치되고, 화개와도 쉽게 합작한다. 역마가 충하면 일단 움직이게 되므로 흉이 길로 변하는 묘리가 나타날 때가 있다. 그러나 대개 움직여 손해다. 길의 묘리가 있다. 그러나 육해와는 귀문으로 조합되기 때문에 심신에 탈이 나기 쉽다.

要點 > 지살은 장성과 합작하여 일견 발전을 도모하기 쉽지만, 화개가 곧 인합되어 자칫 명중의 사고 글자와 형충되면 입묘 현상을 야기하게 된다. 장성을 보고 처음에 좋았다가 종내 불리한 국면에 봉착하는 경우의 전형이 바로 이러하다.

5. 年煞

연살은 도화요 욕패가 되어 허영을 암시한다. 겁살과 합작하면 낭비와 손실이 가중될 우려가 깊다. 반안과 합작하면 상서로운 상황을 맞이하게 된다. 화려하고 즐거운 것이다. 연살일의 내객은 보통 애정사나 외유 등 들뜬 심정을 가지고 있는 것으로 판단하면 무방하다. 반안살이 길운이고, 월살이 불리하다. 사주에 연살과 월살이 있는 여명은 유산이나 난산이 잦고 출산에 어려움이 있다. 연살이 겹치는 시점에는 외유나 외정이 발생하는데, 자신이 아니면 배우자이기 쉽다.

要點 > 연살은 나가고 싶어 하는 것이고, 이를 끌어당기는 것은 월살이다. 이 둘이 충하면 한 마디로 발병이 난다. 도화는 반안이 길하다. 이 둘의 합작되야 길사를 본다. 이외는 모두 욕패다.

6. 月煞

월살은 고갈로 매사 방해 요소가 있으므로 일이 잘 풀리지 않는다. 사주에 월살이 있는 사람이 월살의 세월에 봉하면 파란이 인다. 월살일의 내객이 대동하는 이성은 배우자가 아닌 애인관계가 틀림없다. 월살은 상문, 조객에 해당하여 중단수를 예고한다. 화개를 월살이 충하면 하체불구를 겪기도 한다. 움직이지 못한다는 얘기다. 월살이 드는 해에 자식을 출산하면 일단 개운과 발복의 조짐이다. 곡사를 파했기 때문이다. 대개 금전의 융통이나 협조는 월살의 인연에게 구하면 협조를 아끼지 않는다. 그래서 월살 방향은 행운의 방향으로 여겼다. 일단 구하고 나면 자리를 옮기는 게 좋다.

要點 > 월살은 격각이다. 중단수다. 화개를 월살이 충하면 몹시 불리하다. 월살을 화개를 충격하면 도통하는 것에 비유될 정도의 개변 현상을 보게 된다.

7. 亡身

망신은 대개 흉살로 작용하지만, 육해살과 동주하면 일단의 위력은 소멸되는 경우가 많다. 그러나 천살과 합작하면 곤고함을 피하기 어렵다. 집의 현관이 망신살 방향이면 파가의 원인이 되고, 흥망고저, 형액이 이어진다. 혹 부정하거나 부당한 방법으로 재화를 득해도 결국은 대가를 치르게 된다. 망신의 인연은 보통 악연으로 작용한다. 망신 방향으로 머리를 두고 잠을 자면 불합격이다. 망신이 드는 해에 난 자식은 오명을 쓰게 된다.

要點 > 망신이 육해와 합작하여 좋은 경우는 천복, 천귀에 속하는 때다. 반대로 천인이나 천파와 합작하면 대개 불리한 결과를 본다.

8. 將星

장성과 지살의 합작은 보통 길사, 길연이다. 운이 좋을 때는 장성의 인연을 배연한다. 운이 나빠지면 장성의 인연과 소원해질 때다. 마찬가지로 겁살과 재살도 합작하면 십이성이 천복, 천귀일 경우에는 긍정적으로 작용하기 쉽다. 장성 방향은 나를 제압하는 대장군의 방향으로 대개 흉방에 속한다. 절도범이 도주하는 방향도 이 방향이다. 장성 방향의 현관은 불리하다. 내객의 사업이 저조하면 이것부터 체크할 필요가 있다. 장성일에 드는 문객은 귀연이기 쉽다. 장성이 반안을 보면 경사다. 역마는 불리하다. 그래서 사주에 장성과 역마가 같이 있으면 대개 불리하게 여겼다.

要點 > 장성은 반안을 둘러야 위권이 발현한다. 역마는 장성을 기피한다. 말의 등이 휘기 때문이다. 까닭에 사주에 장성을 보면 즉시 반안과 역마를 살피는 단계에 올라야 한다.

9. 攀鞍

반안은 좋은 신살이다. 중대사를 앞둔 전날에는 반안살

방향으로 머리를 두고 자는 게 좋다. 현관은 반안살 방향이 최상이다. 재물의 융통은 반안의 인연에게 부탁하면 들어준다. 반안은 천살과의 충을 화개와의 형을 꺼린다. 겁살이 반안과 합작하면 최선이다. 반안이 겁살을 보면 갈등이다. 사주의 생시에 반안이 들면 예기 방면에서 성공할 가능성이 높아진다.

要點 > 반안은 성공을 암시하는 길성과 같다. 겁살이나 도화가 반안과 합작하면 경사를 예고한다. 반안의 합작은 천살과 화개의 형충으로 무위로 돌아가기 쉽다.

10. 驛馬

역마는 구체적인 계획이나 목적 없이 변화하고 이동하는 것과 같다. 운기가 좋을 때는 움직여서 손해고, 운기가 궁박하면 움직여야 해소한다. 까닭에 지살과 장성의 합작을 역마가 충격해서 좋을 게 없다. 반대로 재살은 역마와 합작해야 돌파구를 연다. 역마는 길성에 배당되면 비약적으로 발전하고, 흉살과 동주하면 연이어 패하는 특징이 있다. 역마의 인연은 처음에 고생하지만 대개 후에는 성취를 보는 조합이다. 부부가 헤어질 지경에 처해도 역마가 드는 해에 자식을 출산하면 이혼이 없고, 재결합하는 경우가 많다.

要點 > 말은 안장이 있어야 한다. 그래서 역마는 반안을 기뻐한다. 역마는 천리마와 병든 마를 구분하는 법수에 올라야 자유자재로 운용할 수 있다.

11. 六害

육해는 망신살과 합작되고, 지살과 역마를 몹시 꺼린다. 지살은 도화의 시녀를 두어야 하는데 육해가 이를 간섭하므로 서로가 미워한다. 육해와 역마가 같이 있으면 매사 장애를 겪고 지연된다. 말은 달리고 싶으나 마부가 고삐를 당기는 격이다. 이때는 오히려 충격하는 운에 반전의 묘리가 있다. 도화가 육해를 충하면 역마는 움직인다. 육해의 인연은 의외로 장성과 비슷하다. 인연을 끊으면 그때부터 원수가 되고 불리해진다. 육해가 드는 해에 난 자식은 가업을 승계한다. 부모 가슴에 못을 박는 일은 없다. 육해 방향은 기도하는 처소다. 이날의 내객은 조상이나 후사에 관한 일, 혹은 집안의 중심적 인물의 길흉을 묻는 경우가 많다.

要點 > 육해는 정당하지만 마음에 들지 않는 아랫사람

과 같다. 출행을 방해하는 요소다. 그래서 지살과 역마는 육해와 서로 꺼리는 조합이 된다.

12. 華蓋

화개는 월살의 충격을 가장 기피한다. 몰유하는 현상이 나타나기 때문이다. 생년의 화개는 조부대의 몰락을 말한다. 장성과 합작되어야만 학문과 예기가 드러난다. 화개의 방향은 재결합이나 재회, 상봉과 관련이 깊고 이날의 내객 또한 같은 질문을 반복하는 경우가 많다. 한 마디로 패배의 늪에서 간절한 소망을 지닌 이로 보면 무방하다. 재혼의 커플 또한 화개의 인연일 때가 많다. 사주에 화개가 월살을 보면 성취가 불가하다. 이외는 대체로 화개가 길하게 작용한다.

要點 > 화개는 화려함을 덮는다는 의미다. 침잠해서 향후를 기약하며 준비하는 계절이다. 월살이 위협하면 도통 재기를 드러낼 기회가 봉쇄되는 격이다.

이제 神煞의 운용을 위주로 한 行運法 실례로 看破命運 학습을 끝맺기로 한다.

看破命運 命局 論斷

坤命, 己酉生

酉刃星 將星		午福星 桃花
午福星 桃花	戌藝星 攀鞍	辰奸星 天煞

命格

刃福權助格

天沖攀鞍格

將星帶攀鞍

行運

子運 天貴六害衝擊桃花鬱念 年攀合作午福入庫

丑運 天厄華蓋合作將星身厄 華蓋刑攀午福入庫

寅運 天權年攀劫三合局發顯

卯運 天破災煞衝擊將星伏吟

辰運 天奸天煞衝擊攀鞍爲福

巳運　天文地煞合作將星發福　地將逢攀開花福沒

午運　天福重複年煞合作萬福

未運　天驛月煞刑攀外遊減福

申運　天孤亡身合作天煞浪費

酉運　天刃將星犯重有官出行

戌運　天藝攀鞍帶將星能出類　攀鞍衝奸戌重晻昧

亥運　天壽驛馬喪門中斷之數

戊子 李豹 識

☯ 看破命運 末文

戰國時代 鬼谷子가 만든 명리의 深奧한 設計圖를 제대로 볼 줄 아는 분이 얼마나 될까?

그 동안은 가르키는 손가락만 보고 있었다. 우리 모두는 말이다.

헤겔이 歷史를 보는 안목이 있었다.

자평명리가 이 시대에 難澁한 것은 당연한 일이다.

원전에서 한참이나 멀어져 있으니 말이다. 그러나 후학들의 愚昧함은 아니다.

조선시대에 과거시험이 있을 만큼 값어치가 많은 학문이었는데 지금은 그렇지를 못한 대접을 받고 있는 것 같다.

이점은 동양운명학술을 공유한 우리 후학들의 책임이 아니겠는가?

氣法으로 시작한 명리가 이천년이 넘는 역사를 가지면서 東海선생으로부터 子平의 陰陽과 五行의 生剋制化인 理法이 꽃을 피웠다.

그러나 동 트기전이 가장 어둡다고 했던가?

이제는 가지가 너무 많아 百家爭鳴이 되어 심히 難澁해

졌다.

따라서 이 시대를 마감하고 理氣를 아우르는 合의 명리時代가 열리고 있다. 그 중심에 世紀를 앞서가는 세계 제일의 명리학자 이수스승님이 자리하고 있다.

歷史의 초입에 서서 스승님의 가르침으로 淺學菲才를 가리려고 애를 써 보았지만 손바닥으로 하늘을 가리는 꼴이 되었다.

그러면서도 새시대 東洋運命學術의 改變인 五字術 "李豹神技"를 마주하기에 앞서 스승님의 은혜로 입문서로서 江湖先後輩 여러분 앞에 "看破命運"을 내놓게 됨을 영광으로 생각한다.

年前에 스승께서 草稿를 마련해 놓았던 것을 조금 들어내고 더했으며 또 의미가 깊은 師敎로서 畵龍點睛을 하였다.

아무쪼록 切磋琢磨 여정의 걸음이 조금이라도 가벼워 졌으면 하는 바램을 가지며 맺는 말로 가름한다.

戊子 歲暮에
온고을에서
임태희 識

編著者

白虎 林泰熙 李修學派 命理 門下 一十五回 師事

光州 庚寅生
韓國放送通信大學校 經營學科 卒業
KOSZONE 代表理事 歷任
證券投資相談士
布敎師

曉溪 金泳杓 李修學派 命理 門下 一十一回 師事

光州 己亥生
朝鮮大學校 生物學科 卒業
五星佛敎硏究所 所長

新世紀 東洋運命術 改變

韓國易學 五字術 新紀元

➜國民易學 五字術 學習 段階

1段階	看破命運	入門 α
2段階	十二運輪	基礎 β
3段階	李豹神技	中級 Θ

➜ 看破命運 討論區 假想空間

http://cafe.naver.com/fortuneleesoo

➜ 十二運數 討論區 假想空間

http://cafe.naver.com/moonha3

➜ 李豹神技 討論區 假想空間

http://cafe.naver.com/leesoobazifandom

Speaker Bureau

LBBC

LEESOO BAZI ART BOOK WRITERS' CLUB

看破命運α

十二運數β

李豹神技θ

李修 先生 活動 年表

略歷

(株)애스크퓨처닷컴(www.askfuture.com) 대표 역임
스포츠조선 퓨처미디어 (SCFM) 대표이사 역임
대한민국 특공대 예비역 중앙회장
법왕청불교신문 및 영문 외교저널 총괄 회장
1965년 釜山 출생
1999년 스포츠조선 '오늘의 운세' 연재
2000년 한국경제TV MC 및 패널리스트
운세 역학 포털사이트 '애스크퓨처닷컴(www.askfuture.com)' 런칭
중앙일보 이코노미스트, 한국경제신문 고정 칼럼니스트
-이코노미스트, "이수 선생의 四柱-테크"
-한국경제신문, "명사들의 사주 산책"
-한국경제TV, '국민주식고충처리반'
-한국경제TV, "동양학으로 보는 증시 예단"
2001년 '이수문파(李修門派)' 창건
한국능률협회, 최고 경영자 과정 세미나 초빙 강연
코리아타임즈(The Korea Times) 칼럼니스트
-코리아타임즈, 중앙데일리 "매년 國運 예측" 기고
-이코노미스트, "벤처CEO 추명(推命) 탐방 시리즈"
-한국경제신문, "십간론 증시 예측"
2002년 중앙일보 '오늘의 운세' 연재
이코노미스트, '이수 · 고승덕' 하계 투자 컨설팅 세미나
증시 사이트 '팍스넷' 투자분석가(전문 애널리스트) 활동
서울경제신문 '오늘의 재운' 연재
-한국경제TV, '投資와 命理'
-한국경제TV, "동양학으로 그려본 2002년 주가 그래프"
2003년 스포츠조선 계열사 SCFM 대표이사 취임
스포츠조선 칼럼니스트
-스포츠조선, "재테크와 역술"
-이코노미스트, "CEO 풍수학"
-월간중앙, "이수의 명리학 강의 - 세기적 인물의 사주학적 운명"
2004년 원광대학교 동양학 대학원 명리학 강의
머니투데이 칼럼니스트
-'매직다우, ^DJI 등락 주간 예측' 연재
-한국경제TV, '건강충전, 풍수-테크'
2005년 AskFuture USA Inc. 설립
2006년 매일경제신문 창조 한국인 20인 선정
대한민국 특공대전우회장 취임
2007년 성균관대학교 금융MBA 과정 출강
2008년 법왕청 불교 신문 회장 취임
북경대학교 최고경영자과정 객원 교수

寄稿

중앙일보 이코노미스트 칼럼

+ CEO 풍수학' '이수 선생의 사주-테크' 연재

한국경제신문 칼럼

+ '명사들의 사주 산책' 연재

스포츠조선 칼럼

+ '재테크와 역술' 연재

월간중앙

+ '이수 명리학 강의-세기적 인물의 사주학적 운명' 연재

코리아타임즈 (The Korea Times)

+ Fortuneteller Predicts National Destiny for Upcoming Year [2002-12-31]

+ 'Ruling Party Holds Edge in Presidential Election' [2001-12-31]

머니투데이

+ '주간 다우지수 등락 예측' 연재

중앙일보

+ '오늘의 운세' 연재

스포츠조선 · 서울경제신문

+ '오늘의 재운' 연재

World Buddhist Supreme Tathagata Followers
Peace Foundation. Juridical Foundation

TEL : 82)2-3217-3217 / FAX : 82)2-379-7676 / www.wbstf.com, www.wbstf.co.kr

著述 *

唐四柱 · 東學社 1997
滴天髓 써머리 · 東學社 2001
주가등락 알 수 있다 · 애퓨북스 2002
滴天髓 摘要 · 臺灣武陵出版社 2003
八字術 必殺技 · 장서원 2004
부자의 운명으로 갈아타라 · 매일경제신문 2004
펑수이 큐어 · 찬섬 2005
CEO 風水學 · 장서원 2005
子平眞詮 리뷰 Ⅰ Ⅱ · 장서원 2005
欄江網 마스터리 Ⅰ Ⅱ Ⅲ · 장서원 2005
八字術 파이널블로 · 장서원 2005
風水 인테리어 · 디지털북스 2006
滴天髓摘要 해설 · 장서원 2006
滴天髓 스펙트럼 Ⅰ Ⅱ · 장서원 2006
八字入門 Ⅰ Ⅱ Ⅲ Ⅳ Ⅴ Ⅵ · 장서원 2007
八字虛字論 · 장서원 2008
命理36禽獸 Ⅰ Ⅱ · 장서원 2008
李豹神技 · 장서원 2008

監修 *

스피디萬歲歷 · 六十甲子人間學 · 八字來情 · 胞胎珍技 ·
空亡秘鑰十八技 · 五行干支叢論 · 八字命理六神大突破 ·
窮通寶鑑一讀 · 命理物象實戰57招 · 李修刑沖會合精解 ·
李修八字虛字論講解 · 八字格局總攬 · 李修命理의理解 ·
李修十干論大突破 · 神煞括要 Ⅰ Ⅱ · 八字女命論物象補註

간파명운(看破命運)

첫판 1쇄 2009년 2월 25일

지은이 임태희 · 김영표

펴낸이 장석홍

펴낸곳 도서출판 장서원

141-160 서울 용산구 남영동 7-1(201호)

전화 703-5362 팩스 797-5362

등록 제 01-01213호

shjang1011@hanmail.net

정가 15000원

파본 된 책은 바꿔드립니다.